VISUAL

日経文庫 ビジュアル

AI（人工知能）

城塚音也
SHIROTSUKA OTOYA

日本経済新聞出版

まえがき

　本書は、人工知能（AI）を業務やビジネスで実際に活用したいが、どうすればよいかわからないと思っている読者に、「AIとは何なのか」、「どんな使い方があるのか」、「どのように導入すればいいのか」、「今後、どんな活用が進むのか」、それぞれ具体的なイメージをつかんでいただくことを目的に書かれています。また、最近のAIの技術面、ビジネス面での目覚ましい発展についても、最新のトレンドがわかるように、事例を交えつつまとめています。

　2000年以降、IBMワトソン（2011年）やグーグルのディープラーニングによる猫画像認識（2012年）、アルファ碁（2015～17年）といった、ビッグデータと強力なハードウェアが可能としたAIの登場により、「機械学習」を中心とした第3次AIブームが起こりました。特に、グーグルでの「AI」の検索回数が増加した2016年以降、本格的なAIブームとなっており、1980年代の第2次AIブームの時代からAIの応用研究に従事してきた筆者にとって、それはまさに熱狂の時代ふたたびの感がありました。

　そんなAIブーム真っ只中の2017年の春、筆者はNTTデータの樋口晋也氏と一緒にビジネスパーソン

向けにAIの本を出版しました。ビジネスの観点から書かれた本が珍しかったからか、その本は高評価をいただきましたが、反面、企業や公共団体に所属する読者の方々からは、AIの現在の実力がどのレベルまでいっているのか、AI導入をどのように進めればいいのかといった、実際にAIを活用するための、より具体的な話を聞きたいという意見を多数いただきました。

　本書は、そのような読者のリクエストに応えるべく、筆者が講演や相談会などでお話ししている、AI活用の参考になる情報をできる限り幅広く、かつ最新の情報を盛り込みました。

　AIに代表されるデジタルテクノロジーがもたらす新たなビジネスや社会は、今までのビジネスや社会の常識では計り知れない驚異に満ちたものになるにちがいありません。本書が読者の皆さんにとって、来たるべき新たなビジネス、社会の中で活躍するための一助となれば幸いです。

　2019年3月

城塚　音也

ビジュアル　AI（人工知能）
目　次

第1章　AIの基礎知識

1　AIとは何か　……………………………………………… 10
2　AIで何ができるのか？　………………………………… 12
3　AIと他のITキーワードとの関係　……………………… 14
4　なぜAIブームが起こったのか？　……………………… 16
5　AIで社会はどう変わるか？①　………………………… 18
6　AIで社会はどう変わるか？②　………………………… 20
7　AIによるビジネスのパラダイムシフト①　…………… 22
8　AIによるビジネスのパラダイムシフト②　…………… 24
9　デジタルトランスフォーメーションとAI　…………… 26
Coffee Break❶　AIの進化が人間の新たな進化をもたらす？ … 28

第2章　AIはこんな技術でできている

10　AIの進化の歴史　………………………………………… 30
11　第3次AIブームの主役、ディープラーニングの登場 … 32
12　ディープラーニングはなぜすごいのか？　…………… 34
13　ディープラーニングのしくみ①　……………………… 36
14　ディープラーニングのしくみ②　……………………… 38
15　ディープラーニングの課題①　ブラックボックス …… 40
16　ディープラーニングの課題②　膨大な学習データ …… 42
17　ディープラーニングの課題③　膨大な計算リソース … 44
18　ディープラーニングの課題④　学習のための設定 …… 46

19	いろいろな種類のAI	48
20	統計解析的アプローチと機械学習的アプローチ	50
21	AIが使えないケースはなぜ起こる？①	52
22	AIが使えないケースはなぜ起こる？②	54
Coffee Break ❷	AIの活用には想像力が必要	56

第3章 AI活用のトレンド

23	自然言語による対話サービス	58
24	画像理解技術の応用	60
25	専門家の知的業務を支援するAI	62
26	知的な行動ができるロボット	64
27	人間を取り巻く環境自体がAI化	66
Coffee Break ❸	コンテンツ生成は次のトレンド？	68

第4章 ここまでできる　AIの実力

28	画像認識①	70
29	画像認識②	72
30	音声認識①	74
31	音声認識②	76
32	文字認識	78
33	言語理解①	80
34	言語理解②	82
35	未来予測①	84
36	未来予測②	86
37	異常検知	88
38	レコメンデーション	90

- 39 行動ターゲティング ... 92
- 40 信用スコアリング ... 94
- 41 最適制御① ... 96
- 42 最適制御② ... 98
- Coffee Break❹ ロボットが東大に入れるのはいつの日か ... 100

第5章 AIの未来を考える

- 43 AIブームの先にあるもの ... 102
- 44 AIは人間を超えるか？ ... 104
- 45 「AIは人間の職を奪う？」のホント・ウソ ... 106
- 46 AIがもたらすのはユートピアかディストピアか① ... 108
- 47 AIがもたらすのはユートピアかディストピアか② ... 110
- 48 RPAは業務効率化、自動化の切り札 ... 112
- 49 RPA＋AIの世界 ... 114
- 50 働き方改革とAI ... 116
- 51 海外AI vs 国産AI　日本に勝ち目はあるか？ ... 118
- Coffee Break❺ 脳のリバースエンジニアリングとAI ... 120

第6章 AI活用のポイント

- 52 日本社会の課題とAI ... 122
- 53 AI導入を阻む7つの要因 ... 124
- 54 AI適用のターゲットの定め方 ... 126
- 55 データがないとAI導入はできない？ ... 128
- 56 AI活用のステージ ... 130
- 57 AIの導入スタイルの使い分け ... 132
- 58 中小企業の悩みをAIは解決できるか？① ... 134

59 中小企業の悩みをAIは解決できるか？② 136
60 人間の置き換えか、人間のサポートか 138
Coffee Break ⑥ AIの出す答えに根拠は必要？ 140

第7章 AIアプリケーションのしくみ

61 AIチャットボット 142
62 AI議事録作成 144
63 スマホナビゲーション 146
64 スマートスピーカー 148
65 クレジットカードの加盟店審査 150
66 コールセンターのオペレーター支援 152
67 リアル店舗のマーケティング分析 154
Coffee Break ⑦ スマートフォンの次を見据えたAIサービス 156

第8章 AIサービスの作り方

68 AIサービス立ち上げの手順 158
69 AIサービス作成に必要なメンバーは 160
70 今までの作り方との違い 162
71 クラウドAIを利用したサービスの作り方 164
72 AIサービスを安価に作るには 166
73 AIサービスの落とし穴 168
Coffee Break ⑧ AIが量子コンピューターを必要とするワケ 170

第 1 章

AIの基礎知識

1 AIとは何か

▶ AIには2種類の捉え方がある

　AIには定まった定義は存在しません。筆者は「人間の知的活動をコンピューターにより再現したもの」という広い定義を採用しています。またAIの捉え方には2つの種類があります。人間の知能そのものを機械で実現する「強いAI」を作ろうとする立場と、人間の知能でできることを機械にやらせようとする「弱いAI」の立場です。「強いAI」は研究レベルにとどまっているのに対して、「弱いAI」は広く社会に普及しており、見かけ上、人間と同様の知能を再現したものであればAIとする捉え方が現在の主流となっています。

▶ AIは多様な技術の総称

　世の中のAIは「白いネコでも黒いネコでもネズミを取ってくるのがいいネコだ」という中国のことわざのように、ネズミを取ってくれば（見た目上再現できていれば）どんなネコ（AI）でも、いいネコ（AI）というわけです。現在注目を浴びている機械学習、とくに深層学習（ディープラーニング）でなければAIでないと誤解している人もいますが、ルールベース推論、探索、シミュレーション、自然言語処理などの技術も、うまく知能を再現できていれば、立派なAIといえます。

AIを定義する

判断
ルールベース推論

計画
探索

予測
シミュレーション

識別
機械学習

生成
自然言語処理

定義
コンピューターにより人の知的活動を再現したもの

使っている技術はみんな違うんだね

そうじゃないと実用レベルにならないんだ

2 AIで何ができるのか?

▶ データの活用ステップに従って整理する

「AIで何ができるのですか」という質問に答えることは、AIの定義と同様、なかなか難しい問題です。以下にAIでできること全体の捉え方を2つ紹介します。

一つは「データの活用ステップ」の観点でAIを3つの領域「識別」「予測」「実行」に分類する捉え方です。これはデータ分析の世界で用いられてきた分類の枠組み「可視化」、「予測」、「最適化」を音声、画像、テキストといった非構造データの処理を得意とするAIの機能に合わせて拡張したものです。この枠組みの定義自体は明確ですが、AIがどんな目的に使えるかがわかりにくい感があります。

▶ 利用目的からできることを整理する

もう一つは、適用領域別に分ける捉え方です。筆者は「知識探索・俯瞰」「コンテンツ生成」「知識発見・意思決定」「コミュニケーション」「知覚・制御」の5つの領域に分けて説明しています。従来のデータ分析とAIの領域である「知識探索・俯瞰」「知識発見・意思決定」「知覚・制御」と、AI特有の領域である「コンテンツ生成」「コミュニケーション」から構成されています。こちらのほうがAIでやりたいことのイメージがつきやすいかもしれません。

AIの捉え方

活用ステップによる整理

人工知能(AI)の実用化における機能領域

識別	予測	実行
音声認識	数値予測	表現生成
画像認識	マッチング	デザイン
動画認識	意図予測	行動最適化
言語解析	ニーズ予測	作業の自動化

出典:総務省「ICTの進化が雇用と働き方に及ぼす影響に関する調査研究」(2016年)

識別、予測、実行は人間の知的行動プロセスを表しているね

適用領域による整理

1 知識探索・俯瞰
知識を大量の情報から探し出す、大量データを俯瞰する

- FAQ自動生成
- QA業務支援

2 コンテンツ生成
大量の情報を参考に自動でコンテンツを生成する

- 作曲
- 文章自動生成

3 知識発見・意思決定
意思や行動の決定を自ら行う

- 自動診断
- 審査効率化

4 コミュニケーション
人間との対話を通じてサービスを行う

- ロボット対話
- 音声認識

5 知覚・制御
環境・状況を把握して自律制御

- エネルギー管理
- 信号機制御

自動運転車は知覚・制御だね

3 AIと他のITキーワードとの関係

▶ AIと3つのITキーワード

AIと並んで、「IoT (Internet of Things)」「ビッグデータ」「ロボティクス」などのITキーワードが各種メディアで毎日のようにとりあげられています。これらのキーワードは人気の用語ですが、実はお互いに密接な関係にあります。以下にこれらのキーワードの意味とその関係を人間の身体に例えて説明します。

▶ 人間の知的行動プロセスに当てはめると……

人間の知的行動のプロセスに上記の4つのITキーワードをあてはめると、目や耳などで外界の情報を知覚するプロセスは、センサー等の機器により外部情報を収集するIoTが対応します。知覚された情報に基づいて脳が行う意思決定のプロセスはAIとビッグデータが対応します。ビッグデータは文字通り「巨大なデータ」なので、脳の記憶にあたります。AIは記憶やIoTで収集された情報に基づいて行われる脳の思考であるといえます。最後のプロセスは手足や声道などを使って行う行動プロセスです。ここはロボティクスが対応し、機械のアームの操作や合成音声の出力などを行います。このように知的行動を実現するためには、この4つの技術は連携する必要があり、その中核にあたる必須の存在がAIという関係になっています。

AI、IoT、ビッグデータ、ロボティクスの関係

人間の知的行動は3フェーズで定義できる

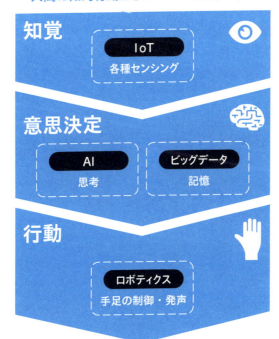

AIはIoT、ビッグデータ、ロボティクスと
密接に関係している

AIに加えてIoTやビッグデータ、
ロボティクスでいろんな
可能性が広がるね

4 なぜAIブームが起こったのか？

▶ データ爆発とハードウェアの進化

ここ数年の熱狂的なAIブームはなぜ起こったのでしょうか？ その技術的な背景には、AIを構成する「データ」、「ハードウェア」、「アルゴリズム」の3要素が進化したことがあります。データに関しては、AIの学習に必要な、世の中に存在するデータの量が爆発的に増加し、2020年には44ゼタバイト（テラバイトの10億倍がゼタバイト）に達する見込みです。ハードウェアに関しては、年々その計算能力が向上しており、2025年には人間の脳の計算能力に追いつくと予測されています。

▶ ディープラーニングの登場

アルゴリズムに関しては、人間が教えなくても大量のデータから自動的に学習する機械学習が脚光を浴びました。特に機械学習の中でも人間の脳の神経細胞にヒントを得た新たなアルゴリズム、ディープラーニングがAIの精度を飛躍的に向上させ、世の中に衝撃を与えました。

ディープラーニングの学習には膨大な計算機パワーと大量の学習データを必要とするため、データ爆発やハードウェアの急激な進化がなければ、ディープラーニングは「絵に描いた餅」で終わってしまい、今日のAIブームは起こらなかったでしょう。

AIを構成する3要素の進化

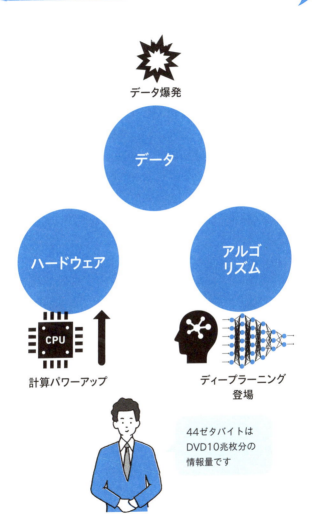

44ゼタバイトは
DVD10兆枚分の
情報量です

5 AIで社会はどう変わるか？①

▶ 新たな人間中心の社会：Society 5.0

　内閣府は2017年に発表した科学技術基本計画で、Society 5.0の実現を目標に挙げました。Society 5.0は、狩猟社会、農耕社会、工業社会、情報社会に続く新たな経済社会とされています。地域、年齢、性別、言語などによる格差なく、多様なニーズ、潜在的なニーズにきめ細かに対応したモノやサービスを提供することで経済的発展と社会的課題の解決を両立し、人々が快適で活力に満ちた質の高い生活を送ることのできる人間中心の社会のことです。

▶ AIやIoTによる社会インフラのスマート化

　ではSociety 5.0が実現する社会とは、具体的には、どのような社会なのでしょうか？

　計画では、AIやIoTを使って交通やエネルギーなどの社会インフラを最適に制御するスマートシティや、住民が自宅や養護施設などにいながら、住民それぞれに合わせた専門医による医療サービスを受けることができる地域ケアなどを、サイバー空間とフィジカル空間を融合させることにより実現できるとしています。

　6では、このサイバー空間とフィジカル空間の融合について説明していきます。

Society 5.0のイメージ

これまでの社会
知識・情報の共有、連携が不十分

IoTで全ての人とモノがつながり、
新たな価値が生まれる社会

これまでの社会
地域の課題や高齢者のニーズ
などに十分対応できない

イノベーションにより、
様々なニーズに対応できる社会

Society 5.0

AIにより、必要な情報が
必要なときに提供される社会

ロボットや自動走行車などの技術で、
人の可能性がひろがる社会

これまでの社会
必要な情報の探索・分析が負担
リテラシー（活用能力）が必要

これまでの社会
年齢や障害などによる、
労働や行動範囲の制約

出典：内閣府 https://www8.cao.go.jp/cstp/society5_0/index.html

なりすまし詐欺に
あわないようになるかな

お年寄りの運転事故も
なくせるかも！

6 AIで社会はどう変わるか？②

▶ スマートシティにおけるサイバー・フィジカル融合

　スマートシティや地域ケアのしくみは右の図のようになります。現実世界であるフィジカル空間とコンピューター上の仮想的世界であるサイバー空間のしくみの連動により実現するものです。たとえばスマートシティでは、フィジカル空間である道路上の自動車の動きを交通カメラや車載GPSにより検知します（センシング）。検知したデータはサイバー空間上のAIにより処理され近未来の交通渋滞を予測します（分析）。AIはさらに渋滞を防ぐための最適なインフラの制御プランを立案し、フィジカル空間にある信号機などの交通インフラをコントロールします（制御）。

▶ 地域医療におけるサイバー・フィジカル融合

　同様に地域医療では、フィジカル空間にいる住民の生体情報（脈拍や血圧など）を測定します（センシング）。測定されたデータはサイバー空間上のAIにより処理され、患者の現在の健康状態や、将来の病変予測などを行います（分析）。そしてフィジカル空間にいる専門医に対してこれらの情報を伝え、医師の診断をサポートします（制御）。

　このようなAI、IoTによるフィジカル空間とサイバー空間との情報のやりとりがSociety 5.0の実現を可能とするのです。

サイバー・フィジカル融合の例

（フィジカル空間）　　（サイバー空間）

IoT

センサーデータ
マイク音声、カメラ画像
LINEメッセージ等

センシング →ビッグデータ→ 未来予測、最適化
異常検知、レコメンド
分析
AI

制御 ←アクション←

社会インフラ、
製造ライン、地域ケア、
観光サポート等

**ロボティクス、
自動運転……**

工場での生産ラインの
異常検知もIoT＋AIだね

オンディマンド型の
自動運転バスサービスも

7 AIによるビジネスのパラダイムシフト①

▶ ビジネスにおける競争力の推移の歴史

　社会だけではなく、ビジネスも同様にAIによる劇的な変化を遂げようとしています。ビジネスは歴史的に労働集約型から資本集約型、そして知識集約型へと推移してきました。労働集約型とは、接客業のように、質の高い労働力を多数集めることができる企業が競争力を発揮できる産業のことです。資本集約型は製造業のように大規模な資金を調達することができる企業が競争に勝つ産業、知識集約型は医薬品開発や情報処理など、高度な専門知識を持つ研究者や技術者を集めることが競争力につながる産業です。

▶ 新たな競争力の根源「スピード」

　では知識集約型の次、ポスト知識集約型は何が競争力の根源になるのでしょうか？　知識に代わる新たな競争力の根源は「スピード」です。すべてのものがネットにつながり、多様な知識に自由にアクセスが可能で、蓄積された膨大な情報から新たな知識を見出すことができる時代では、知識自体の価値が薄れます。この社会現象は「知識の民主化」と呼ばれるものです。

　もはやビジネスの成否を握るのは、希少なリソースではなくスピードとなり、とにかく先んじた者が熾烈な競争に勝つ時代になります。そのスピードを実現するのがAIです。

社会と産業の進化

次の社会
Society5.0
スピード型
AI・IoT

情報社会
知識集約型
計算機・インターネット

工業社会
資本集約型
蒸気機関・石油化学

農業社会
労働集約型
灌漑・青銅器

狩猟社会
火・石器

産業革命が工業社会を、情報革命が情報社会をもたらしたように、次の社会をもたらす革命を「デジタル革命」と呼ぶことがあります

8 AIによるビジネスのパラダイムシフト②

▶ AIがビジネスにもたらす2種類の価値

そもそもAIがビジネスにもたらす価値とは何でしょうか？ すぐに思いつくのは、「既存業務の効率化、自動化」です。そこで達成される価値は「コストの削減」です。2つ目は「新規事業の創出」で、人間を超えたAIの能力により、「時間」「空間」「組織」といった制約を超え、今までにないスピードでサービスを提供することにより、「利益の増大」という価値をもたらします。

▶ シェアリング・エコノミーの陰にAIあり

P2P（ピア・ツー・ピア＝個人間）宿泊サービス、ライドシェア、カーシェア、クラウドソーシングなどの「シェアリング・エコノミー（共有型経済）」と呼ばれる新しい取引はAIなしに実現できません。AIは人間にしかできなかった知的作業を24時間365日休みなく、超高速に行うことができます。また、AIは自由にコピーできるので、瞬時にビジネスを全世界に展開することができます。

シェアリング・エコノミーの代表であるUberやAirbnbは、AIのこの特性を生かして、自らのビジネスを超スピードで世界規模に成長させ、ユニコーン企業（評価額10億ドル以上のベンチャー企業）にのぼりつめました。

個人と個人をマッチングさせるシェアリング・エコノミー

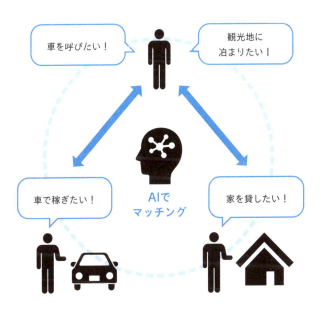

車や家を有効活用できるので、
環境にも経済にも
良い影響をもたらします

9 デジタルトランスフォーメーションとAI

▶ DXとはスピード型ビジネスへの転換

　最近ホットなITキーワード、デジタルトランスフォーメーション（DX）は、AIやIoTなどのデジタル技術により企業自らのビジネスを変革し、新たなビジネスを生み出していくという考え方です。DXが生み出す新たなサービスは、どれも今までにない快適でスムーズな顧客体験を提供することを競争力にしていることから、まさにスピード型ビジネスの代表といえます。

▶ AIにより今までにない顧客体験を実現

　4000万以上もの曲へのアクセスを提供するデジタル音楽配信サービスSpotifyは、ディープラーニングによりユーザーの好みの曲との音響信号レベルの類似性に基づいた高精度な楽曲のレコメンドサービスを行っています。家のリフォーム関連のオンラインショッピングサービスを提供するHouzzは、部屋の写真をアップロードするだけで、写真に写っているインテリアをAIが認識し、商品のレコメンドを行ってくれるサービスを提供しています。世界最大規模の映像配信企業Netflixは、AIをコンテンツのレコメンドだけではなく、新しいコンテンツに必要な配役や監督の選定にも使用しており、80%という驚異的なコンテンツのヒット率を実現しています。

DXが生み出した新しいサービス

Spotify

どんなマニアックな好みでもおすすめの曲を教えてくれる

Houzz

写真を見せるだけでおすすめの家具を教えてくれる

Netflix

好みの映画を新しく作ってくれる

Netflixはユーザーの好みに合わせてAIがビデオクリップを作るサービスを計画中とのこと

快適でスムーズにサービスの購入が進むことも一種の「スピード」なんだね

AIの進化が人間の新たな進化をもたらす？

　データの爆発的増加、ハードウェアの急速な性能向上、そしてアルゴリズムの目覚ましい進歩に支えられて、AIは今後どんな進化を遂げるのでしょうか？　未来学者レイ・カーツワイル博士は2045年ごろに、AIの進歩が人間の手を離れ、AI自身によりAIの超加速度的進化が起こり、人間をはるかに超えたAIが誕生する「シンギュラリティ（技術的特異点）」の発生を予言しています。カーツワイル博士はまた、人類もこのシンギュラリティにより肉体の限界を超えた「ポストヒューマン」に進化すると予言していますが、果たしてそのような未来は起こり得るのでしょうか？

　現在、シンギュラリティを起こすような人間と同様の汎用知性（強いAI）の実現は、いまだ難しい状況ですが、人間の思考を読み取ったり、人間同士の脳をつないで思考を伝えるといったことは成功しています。人間同士、または人間とAIが直接つながり、人間の能力が飛躍的に拡大するような人類の進化は、そう遠くないうちに実現するかもしれません。

第 2 章

AIはこんな技術で
できている

10 AIの進化の歴史

▶ 第1次AIブーム

2000年以降盛り上がりを見せているAIブームは初めてのことではなく、3度目のブームになります。1回目のブームは1960年代に起こりました。コンピューターではできないとされていたパズルを解く、数学の証明をする、チェスを指すなどの知的な問題を「探索」という技術で解いて見せました。ただ、そのころの計算機のパワー不足で、解ける問題は実用になりえない玩具レベルにとどまり、ブームはいったん終焉を迎えました。

▶ 第2次AIブーム

続く2回目のブームは日本がバブル景気を迎えていた1980年代に起こります。このときのAIは、人間が専門家の知識を「ルール」化し、コンピューターに教え込む「エキスパートシステム」が主役でした。

計算機の進歩により実用的な問題が解けるようになりましたが、教えるべき知識が膨大ですべてを教えきれない、知識が膨大になると知識の間に矛盾が生じ正常に動作しなくなるといった理由で、大規模な知識を必要とする事例に適用できないことがわかり、またもやブームは終焉を迎えました。**11**では今回の第3次AIブームについて説明していきます。

AIブームは今回が3度目

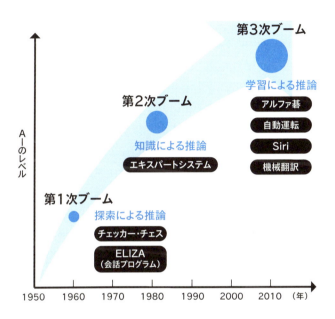

第1次ブームから第3次ブームの間にコンピューターの性能は1000万倍以上向上しました

11 第3次AIブームの主役、ディープラーニングの登場

▶ 第3次AIブーム

　第1章で説明した通り、第3次AIブームは機械学習、そのなかでも特にディープラーニングの登場により本格化しました。2010年以降のディープラーニングに関する主要な出来事としては、2012年のトロント大学ヒントン教授のグループのAlexNetが大規模画像認識コンテストILSVRCで断トツの優勝を遂げたこと、グーグルがユーチューブから収集した大量の画像データから、AIに全く独力で猫を認識させることに成功したことが挙がります。さらに2015年にグーグルディープマインドによるアルファ碁が元囲碁世界チャンピオンを破ったことは読者の記憶にも新しいのではないでしょうか？

▶ 人間の能力を超えたディープラーニング

　ILSVRCのコンテストの成績をみてもらえばわかる通り、ディープラーニングは画像認識精度の飛躍的な向上をもたらしました。2015年には人間を上回る精度を達成しています。また2016年にアルファ碁が、AIがプロに勝つにはあと10年はかかるといわれていた囲碁で世界最強棋士のひとり、イ・セドルを圧倒的スコアで下しました。このような圧倒的なディープラーニングの能力の秘密は、2012年のグーグルによる猫認識実験にあります。

大規模画像認識コンテストILSVRCの成績（画像分類）

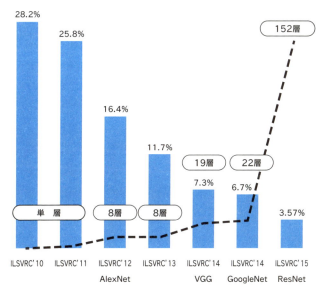

誤認識率とニューラルネットの層の数の関係

出典：Kaiming,Xiangyu,Zhang,Shaoqing Ren,Jifeng Dai, & Jian Sun. "ILSVRC 2015 workshop"

2015年に人間を超えたResNetは152層という非常に深い構造をもっています

12 ディープラーニングはなぜすごいのか？

▶ 機械学習とディープラーニングのすごさ

第3次AIブームの主役、機械学習と第2次AIブームのエキスパートシステムとの違いは性能だけではありません。それは事例から学ぶことができる点です。

エキスパートシステムは人間が一つ一つ知識を教え込む必要がありました。それに比べ機械学習は、人間が経験から学ぶように事例（学習データ）を与えるだけで勝手に学習してくれます。つまり言葉で説明することが難しいようなことでも、例を示せば学習することができるのです。

▶ ディープラーニングは特徴を自動学習する

それではディープラーニングと他の機械学習との違いは何でしょうか？　こちらも違いは性能だけではありません。従来の機械学習では、学習するために着目すべきポイント（特徴量）を人間が教える必要があり、その良し悪しが性能を左右していました。それに対しディープラーニングは、高い性能を出すために着目すべき特徴を自ら見つけ出すことができます。

人間がポメラニアンと柴犬を区別するとき、自然と耳の形や鼻の長さといった特徴に着目しますが、まさにそれと同じことをディープラーニングは行っているのです。

各AIの学習プロセスの違い

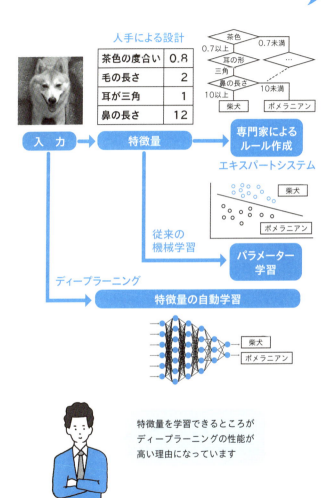

特徴量を学習できるところがディープラーニングの性能が高い理由になっています

13 ディープラーニングのしくみ①

▶ ディープラーニングはニューラルネットの進化形

ディープラーニングは「ディープニューラルネット」とも呼ばれ、脳の神経細胞（ニューロン）にヒントを得たニューラルネットと呼ばれる機械学習の一種で、神経細胞の層が深い（ディープ）ものをいいます。ニューラルネットは第1次AIブーム以前の1950年代から存在していましたが、4層以上の「ディープな」ニューラルネットが実用化したのは、その学習手法が確立し、学習に必要なハードウェアが普及した2000年以降となります。

▶ ディープラーニングのしくみ

ディープラーニングは、人間の脳がニューロンとニューロン同士をつないで信号を伝達するシナプスから成るようなノード（接点）とエッジ（枝）から構成されるネットワークで、入力層、隠れ層、出力層という3つのノードの層に分かれています。各層のノードはエッジを通じて下位の層のノードから信号を受け取って計算を行い、計算結果をつながっている上位の層のノードに伝えます。入力に対してこの計算を繰り返すことで予測結果を出力しますが、学習は逆に、入力に対して正しい予測結果に近い値を出力するように上位の層のノードから順番に、出力のパラメーターを変化させていく処理を繰り返すことにより行います。

ディープラーニングは隠れ層の深いニューラルネット

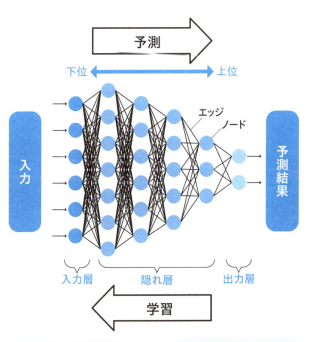

このしくみで特徴を自動学習できるんですね

隠れ層が多層化することで、どんな学習も可能という万能性を実現しています

14 ディープラーニングのしくみ②

▶ 畳み込みニューラルネットワーク

ディープラーニングのなかでも画像の識別に用いられるCNN（畳み込みニューラルネット）を例に予測のしくみを説明します。右の図は、犬と猫を識別するCNNです。6層ある隠れ層は畳み込み層とプーリング層という2種類の層の繰り返しと全結合層から構成されます。

▶ CNNの予測処理と学習処理

畳み込み層はノードに入力された画像の各領域の情報を学習した重みを使って領域ごとの情報を「畳み込み」、特徴を抽出します。プーリング層は抽出された画像の特徴を圧縮しコンパクトにすることでより上位の畳み込みに備えます。この処理を繰り返すことにより、小さな領域から、だんだんと大きな領域に特徴を抽出する領域を拡大していきます。次に全結合層が、出力層による識別に必要な特徴群を作成し、最後に出力層が全結合層から入力された特徴群に基づいて犬、猫２つのノードの出力値を計算します。その結果、出力値の大きいノードが、識別結果となります。このCNNを学習するときは、誤差逆伝播という手法を使って、初期設定された隠れ層および出力層のノードの重みを、間違えた答えが正しい答えになるように、少しづつ変更していくことで実現します。

畳み込みネットワークの例

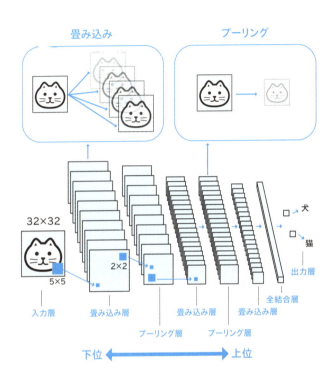

より上位の層が大局的な特徴を捉える役割を果たしています

15 ディープラーニングの課題① ブラックボックス

▶ 課題1：根拠不明

　人間が学習に必要な特徴を設計する必要がなく、高い性能を発揮するディープラーニングですが、欠点もあります。その一つは他の機械学習アルゴリズムにも言えることですが、AIの出した回答における「根拠」がわからない点です。根拠がわからないと、ディープラーニングの出した答えを信頼することが難しくなります。そのため、性能は落ちるものの、回答の根拠がわかる、第2次AIブームで用いられたAIを、あえて採用することも珍しくありません。

▶ ディープラーニングに根拠を説明させる

　現在、このディープラーニングの欠点を克服するために、ディープラーニングの出した答えの根拠を明示できるようにする技術の開発が進められています。従来、学習した結果（学習モデル）に最も強く近く反応するデータを生成することで正しく学習できているかどうかを人間が確認することはできるようになっていました。最近ではディープラーニングが画像を認識したときに「注目した」画像の部分を示したり、テキストを分類したときに「注目した」単語をハイライトしたり、診断結果を導き出すプロセスを別のAIに推定させることで具体的な根拠を示し、説明することができるようになってきています。

物体認識の根拠提示の例

元画像（犬と猫）

犬（顔に注目）

猫（胴体に注目）

出典：https://arxiv.org/abs/1610.02391

確かにブルドックの顔は特徴的だね

トラ縞模様も猫特有だね

16 ディープラーニングの課題② 膨大な学習データ

▶ 課題2：膨大な学習データが必要

機械学習には大量の学習データが必要となります。その中でもディープラーニングは、推論に必要な多種多様な特徴を学習するために、より大量の学習データを必要とします。前述の11で用いられた学習データでは、認識させる物体ごとに約700枚の画像データを用意しています。大量の学習データを用意することがディープラーニング適用の障害となっています。

▶ 少ない学習データで学習できるようにする

幸いなことに少ない学習データでも学習できるようにするための手法がいろいろと開発されています。すでに一般的に取り入れられている「データを水増しする（データ拡張）」「ほかの学習結果を流用する（転移学習）」といった手法に加えて、「必要最低限だけ教えてもらう（能動学習）」「試行錯誤して自分で学ぶ（強化学習）」「正解のないデータも使って学習する（半教師あり学習）」「学習データを自分で作る（教師なし学習）」といった手法が取り入れられています。

とはいっても、完全に学習データを必要としない手法は適用できる領域や条件が限られるため、現実的にはデータ全体の傾向を把握できるような、それなりの量の学習データを用意する必要があると考えたほうがよいでしょう。

学習データ量と物体識別性能の関係

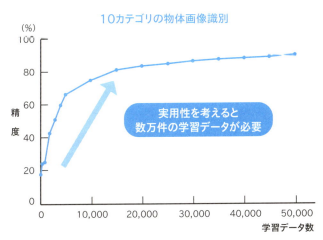

10カテゴリの物体画像識別

実用性を考えると数万件の学習データが必要

出典：NTTDATA Technology Foresight 2018

精度を高めるには、1カテゴリあたり1000枚以上の学習データが必要

データの量と同様、品質も重要です

間違ったデータや質の異なるデータがあると精度に大きく影響します

17 ディープラーニングの課題③ 膨大な計算リソース

課題3：膨大な計算機パワーが必要

ディープラーニングの学習には膨大な行列演算（掛け算・足し算）を行うための膨大な計算機パワーが必要です。極端な例では、囲碁の元世界チャンピオンに勝利したグーグルのアルファ碁の学習は、通常のCPUの100倍近く速いGPUを50個使っても3週間かかりました。同じくグーグルが最近発表した非常に高性能な言語理解を実現する汎用言語表現モデルBERTでは、グーグルが開発したTPUと呼ばれる非常に高性能な計算チップを使っても4日必要で、GPUに換算すると40日から70日かかる計算になります。

計算時間を短くする方法

ディープラーニングの学習時間の短縮は最適な学習条件を求めるために繰り返し行う必要があるため、非常に重要な課題です。計算時間を短くするには、より強力な計算パワーをもったマシンを使う（スケールアップ）、多数のマシンに処理を分担させる（スケールアウト）、ディープラーニングの計算処理が得意な特別なハードを使う（GPU・TPU等）などの対策があります。

一般的にはGPUを使った学習時間の短縮が一般的であり、汎用の学習済みモデルを使った転移学習も学習時間の短縮に有効です。

スケールアウトによる学習の高速化の例

ディープラーニングの学習速度で"世界最高速"

SONY AI開発用フレームワーク

学習の進行状況に応じて
処理を最適化
GPU間の通信を高速化

GPU 2176基

産業技術総合研究所　AI橋渡しクラウド

高性能コンピューター（HPC）
で1日以上かかる学習を
3.7分で実現

出典：https://www.sony.co.jp/SonyInfo/News/Press/201811/18-092/

時間のかかる超大規模データの学習が可能になるね

学習結果を転移学習で利用できるのはいいね！

18 ディープラーニングの課題④ 学習のための設定

▶ 課題4：ハイパーパラメーターの必要性

ディープラーニングは大量のデータから特徴を学習し、学習結果をパラメーターと呼ばれる各ノードの「重み」に保存します。そのため、ディープラーニングの学習は完全自動と誤解しがちですが、実際にはハイパーパラメーターと呼ばれる学習のための設定を決める必要があります。ハイパーパラメーターは通常の機械学習でも必要ですが、特にディープラーニングでは設定が必要な種類が多く、また性能に大きく影響するため、その設定は非常に重要です。

▶ ハイパーパラメーター設定の自動化

ハイパーパラメーターには、ネットワークの構造（層の深さやノードの数など）、学習の進め方（学習速度や繰り返しの数等）、計算アルゴリズム（活性化関数や最適化アルゴリズム等）など多数あり、最適な設定を見つけ出すためには、学習に対する知見、ノウハウと数多くの試行錯誤の作業が必要でした。この問題を解決するために、ハイパーパラメーター設定を自動化するツールがいろいろと登場しています。今日では特殊な使い方をしないかぎり、ディープラーニングに関する基本知識があれば、自動化ツールを使って簡単にディープラーニングの学習を行うことができるようになっています。

ハイパーパラメーター設定の自動化例

メルカリが、グーグルのノンプログラミング画像認識モデル作成サービス「AutoML」を使ってブランド品を識別するAIを作成

〈12種類のブランド品の識別精度91.3%を達成〉

出典：https://cloudplatform-jp.googleblog.com/2018/03/automl-vision-in-action-from-ramen-to-branded-goods.html

AutoMLはlearning2learnという学習ネットワーク自動設計技術と転移学習によりモデル学習を自動化しています

従来の画像認識モデルの性能は75%だったそうです

19 いろいろな種類のAI

▶ いろいろな種類のAIがある

驚異の性能を誇るディープラーニングですが、決して万能ではありません。場合によっては別の種類のAIのほうが優れた結果を出すこともあります。

AIの種類としては、10と11で触れた、「探索」「ルール」「機械学習」が代表的ですが、現実世界の事象をコンピューター上で再現することで予測を行う「シミュレーション」などもAIの一種といえます。

▶ どのようにAIを使い分けるのか

一つの目的を達成するのに、複数の種類のAIが適用できる場合、どのAIを使うべきなのでしょうか？　たとえば何らかの事象の「予測」を行う場合、もし予測に必要な事象とその振る舞いの法則をすべて人間が書きだすことができるのであれば、ルールベースを適用すべきでしょう。

たとえば、携帯電話の料金や生命保険の支払金などの算出には、RBMS（Rule Based Management System）と呼ばれるエキスパートシステムが有効です。また、建物の強度計算や海洋汚染の広がり等、予測に必要な物理的な実験が不可能または高コストである場合、コンピューター上でのシミュレーションが有効となる場合があります。

どのAIを使うべきか

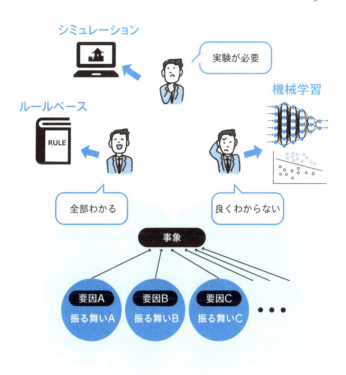

複数組み合わせたAIが
必要となる場合もあります

20 統計解析的アプローチと機械学習的アプローチ

▶ 対象を理解したいときは統計解析的アプローチ

　対象を支配する法則がはっきりとはわからない場合、機械学習を使って、対象から得られたデータから法則を推定する必要があります。機械学習を使った法則の推定には2つのアプローチがあります。一つは「統計解析的アプローチ」で、ある程度振る舞いの法則性がわかるような複雑度の対象に対して、学習結果が理解可能な形となるタイプの機械学習を用いて行います。学習結果から、なぜ対象がそのように振る舞うかを理解することができるため、AIの出す答えの根拠が知りたい場合に有効です。

▶ 機械学習的アプローチは予測精度を重視

　もう一つの「機械学習的アプローチ」は振る舞いの要因やその法則が複雑でわかりにくい場合に、学習結果がブラックボックスとなる機械学習を用いて行います。学習結果が理解不可能となるので対象の理解には向きませんが、高い精度の予測を行いたい場合に有効です。特にディープラーニングの場合、事象の予測に必要な手がかり（特徴）がつかめない難しい対象の予測が可能です。音声や画像の識別、自然言語の理解などの「難しい問題」に対して高い予測精度を実現します。

機械学習の2つのアプローチ

```
AIの活用目的
◄─────────────────────────────────►
解釈可能性重視                    精度重視

    統計解析的              機械学習的
    アプローチ              アプローチ

◄─────────────────────────────────►
 回帰分析  決定木  カーネル法  ニューラルネット
機械学習アルゴリズム
```

簡単な問題の場合、通常の機械学習のほうがディープラーニングよりも良い結果がでるよ

何でもディープラーニングを使いたがるのは「牛刀をもって鶏を割く」の愚を犯すということだね

21 AIが使えないケースはなぜ起こる？①

▶ 常識を必要とするケース

どんなAIを適用してもうまくいかないケースも存在します。たとえば学習データにない例外が多く発生するようなケースです。人間は常識を使って例外に対処できますが、AIは学習したものとまったく違った事象には対処できません。AIに起こり得るすべての可能性を調べさせれば例外に対処することはできますが、これは「フレーム問題」という有名なAIの難問で、実現することは困難です。

▶ 言葉と現実世界を結びつけるケース

もう一つのAIの難問に「シンボルグラウンディング問題」というものがあります。これは「シンボル（言葉）を現実世界の物体に結びつける（グラウンディング）」という問題で、たとえばAIに「シマウマ」という言葉を教えた後、シマウマの実物を見せて、「体に縞がある馬、これがシマウマだ」と理解させることです。AIがこの問題を解くことができると、現実世界のものを人がすべて教えなくても、ちょうど人間の子供のように、AIが現実世界を見て、自ら新たな知識を獲得していくことができるようになります。この難問は、グーグルの猫認識のように対象画像の特徴を学習したり、学習した特徴から逆に画像を生成するディープラーニングの能力で解決できるのではと期待されています。

シンボルグラウンディング問題を解決するには

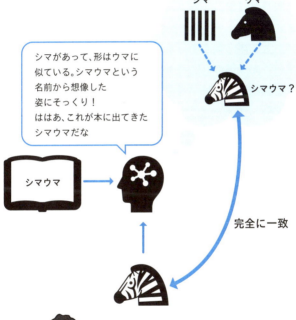

テキストから画像を生成することも
ディープラーニングは実現しています

22 AIが使えないケースはなぜ起こる？②

▶ 事象と関係のないデータしかない

　問題自体は難しくなくても、AIが使えないケースも存在します。以下にデータが原因となるケースを説明します。

　通常、入手可能なデータによりなんとかAIを使おうとしますが、AIで予測しようとしている事象と関係がなかったり、関係の少ないデータしか入手できない場合、当然どんなAIを使ってもうまく予測することはできません。なんとかして予測に有効なデータを新たに収集する必要があります。また、事象自体に法則性がない無作為（ランダム）な振る舞いを示している場合には、当然のことながら、どんなデータを集めても予測は不可能です。

▶ データ不足、汚いデータ

　数年に1回しか発生しないような例外的な事象を検知するためのデータは集めることが困難です。この場合、通常の事象のデータで学習し、通常の事象からの外れ具合を計算することで例外事象の検知を可能にします。また、データの内容が一部間違っていたり、一部のデータが欠損していた場合、そのデータを学習したAIは、同様の誤りを犯したり、欠損したデータに含まれていた事象を予測できなかったりします。そのためデータの修正や補完などの作業（データクレンジング）が必要となります。

AIが使えない例

ナンバーくじの番号を当てる

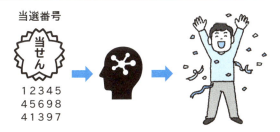

CMの数から売り上げを予測する

CMの数だけでは
売り上げ予測は難しいわね

SNSでのCMの反応を
あわせて学習させると
うまくいくかもしれないね

AIの活用には想像力が必要

　ドイツの天文学者ヨハネス・ケプラーは17世紀初頭に惑星の運動が楕円を描いていることを発見したことで有名です。彼は神聖ローマ帝国皇室付きの数学官だったティコ・ブラーエの残した膨大な観測データをもとに惑星の運動を明らかにしました。もちろんブラーエ自身も彼が心血を注いで作成した正確な観測データをもとに、太陽の周りを惑星が公転していることを証明しようと努力しましたが、成功には至りませんでした。ケプラーとブラーエ、二人の運命を分けたポイントは「想像力」にあります。

　ケプラーは火星と地球そして太陽が直列したときの火星の明るさに違いがあるという現象に対して、持ち前の想像力を働かせ、楕円運動という正解にたどり着いたのです。機械学習は便利な道具ですが、彼のような想像力がなければ、その活用は狭い範囲にとどまってしまいます。彼が現代に生まれていれば、きっと機械学習を使いこなし、ビッグデータから新たな原理や知識を見つけ出す優秀なデータサイエンティストになっていたに違いありません。

第3章

AI活用のトレンド

23 自然言語による対話サービス

▶ 新たなAI機器、スマートスピーカーの登場

2017年10月にグーグルからスマートスピーカー、グーグルホームが、11月にはアマゾンからアマゾンエコーが日本で発売されました。スマートスピーカーの特徴はAIとの音声対話を通じて、気軽にさまざまなサービスが受けられる点です。先行して発売された米国での普及率は急速に上昇しており、2018年12月の時点で米国ではのべ1億1850万台の出荷があり、世帯普及率は41％に達しています。

▶ さまざまなデバイスで対話型サービスが行われている

このような対話型サービスは、さまざまな形で世間に広まりつつあります。たとえばスマホでは、LINEやツイッターなどのSNSサービス上でテキスト会話を行うAI「チャットボット」による問い合わせ対応や注文受付などのサービスが広まっています。また、ソフトバンクのペッパーのように、音声での会話ができるコミュニケーションロボットも店頭での顧客対応等に導入が進んでいます。自動車の中でも、AIによる対話サービスが普及しはじめており、たとえばメルセデスベンツは「ヘイ、メルセデス」と話しかけることでエアコンやウィンドウなどの操作やインターネットでの検索などができるようになっています。

音声への対応がますます向上している

〈グーグルホーム〉

写真：共同通信社

ヘイ、グーグル今日の天気は？
と聞くと答えてくれます

パソコンやスマホで
検索する手間が省けるね

24 画像理解技術の応用

▶ AIの進化とハードの普及が後押し

ディープラーニングによる画像理解技術の進展、街頭や店舗内の監視カメラ、ドライブレコーダーや半自動運転用の車載カメラ、スマホに組み込まれたカメラなどの爆発的な普及により、さまざまな画像理解技術の応用サービスが登場してきています。画像理解技術の代表的な使い方としては、自動運転などに用いられる「物体検出」、スマイルシャッターや出欠確認などに用いられる「顔認識」、スマホの本人認証などに用いられる「顔認証」、撮影した写真への自動タグ付けなどに使われる「画像分類」、商標の権利侵害監視などに用いられる「類似画像検索」、映像からの不良品検出などの「異常検知」があります。

▶ 具体的事例：映像監視やデータ入力作業への応用

セキュリティ分野への応用としては、監視カメラに映った人物の不審な行動を検出したり、複数のカメラによる特定の人物の追跡を行うサービスが実用化されています。また、データ入力作業対応への応用としては、トレイの上の商品を認識して、自動的に会計をしてくれるスマートレジサービスや、スマホで撮影した料理の名称を推定したり、カロリーを計算してくれるパーソナルエージェントサービスも登場しています。

画像理解技術の応用例

スマホ写真の自動分類

撮影するだけで料理を認識し、種類も特定可能

上位5つの認識結果を推定

- 41% カルボナーラ？
- 9% ボロネーゼ？
- 8% ラーメン？
- 4% ロブスタービスク？
- 4% パッタイ？

スマホで撮影した料理が何かを推定できるんだね！

25 専門家の知的業務を支援するAI

▶ RPAとは何か?

最近注目されているITキーワードにRPA (Robotic Process Automation) があります。RPAとは人間がマウスやキーボードなどを使って行っている定型的なデスクワークをソフトウエアロボットに覚え込ませ代行させることで、作業や業務を自動化する取り組みを指します。一方、PRAでは自動化が難しい専門知識を必要とする知的な非定型業務も、AIによる自動化・半自動化が進みつつあります。

▶ 医師、トレーダー、報道スタッフの業務を支援

たとえば医療分野では、医療画像からの癌(がん)の発見にAIが用いられており、その精度は専門医の能力をはるかに超えています。保険分野では、診断書の記載内容に基づいた生命保険金の支払審査にAIが用いられており、一部の難易度の高い請求を除き、AIによる自動審査が実現しています。金融取引では、AIが過去の取引からトレーダーの判断基準を学習し、トレーダーの取引を代行することも試行されており、報道機関では天気予報やスポーツ報道などにおいてAIによるニュース原稿の自動作成が導入されつつあります。完全な自動化は困難としても、今後AIが知的業務の効率化を目的に導入が進むことは間違いないでしょう。

生命保険金の支払審査への応用イメージ

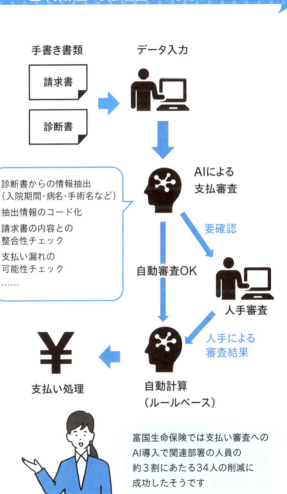

26 知的な行動ができるロボット

▶ 社会のさまざまな現場に進出するロボット

カメラや各種センサーなどを用いて、対象や周囲の状況を把握し、知的な行動をとるロボットがさまざまな現場で活躍しています。農業分野では、熟した実をカメラで認識し、3次元センサーで実の位置を把握することで、熟した実のみを収穫する農業ロボットが登場しています。また、製造現場では3次元スキャナーから得られた製品形状とCADデータとをつきあわせ、設計通り製品ができているかチェックしてくれるロボットが活躍しています。

▶ コミュニケーションロボットも、より知的に

23で取り上げた人間と自然言語での会話を行うロボットも、さまざまなセンサーと組み合わせることで、より知的な行動が可能となりました。たとえば高齢者の見守りをするロボットは、部屋に備え付けられた各種のセンサーで高齢者の行動を把握し、その状況に応じた会話を行うことができます。たとえばベッドの離床センサーで高齢者が起きたことを察知して「おはようございます。気分はいかがですか？」と話しかけ、健康状態を確認したり、ピルケースに装着した開閉センサーでピルケースが開いたことを察知して「お薬は何錠飲まれましたか？」と尋ねて服薬数の確認などを行ってくれたりします。

センサーを使って高齢者の見守りをするロボット

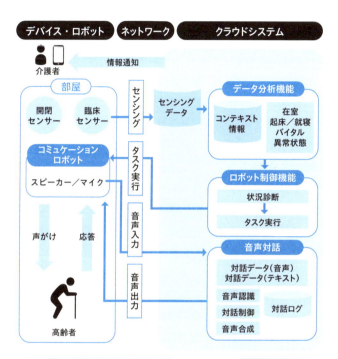

見守り情報を介護サービスや親族の人と共有できるのがいいね！

認知症防止にも役立ちそう！

27 人間を取り巻く環境自体がAI化

施設や都市をAIが管理

この章の最後では人間を取り巻く環境自体がAI化し、状況の変化に応じた行動を起こすというトレンドを説明します。有名なグーグルのデータセンターの例では、センターの稼働状況やとりまく気候の変化に応じてAIが空調機器を細かく制御することで消費電力を40%減らすことに成功しています。6でも触れた交通制御の事例では、市内に設置された交通カメラから車の流れを把握し、AIが近い将来の渋滞の発生が最小となるように、信号の点灯間隔を変更することで渋滞の発生を最大26%、平均7%削減することができました。

また、医療分野でも、ICU（集中治療室）の中にいる患者の容体を監視するための機器が測定した血圧、脈拍、体温、血糖値等のデータを使って、AIが2時間後の病変を予測し、医師に警告をだすことに成功しています。

環境がAI化することが持つ意味

過去に構築したさまざまな社会インフラの老朽化が進み、地方の過疎化や都市への人口集中が問題となっている中、社会や産業インフラへのAIの適用は、人やモノの流れの無駄をなくし、各種のトラブルの発生を防止することで問題を解決できる強力な手段として期待されています。

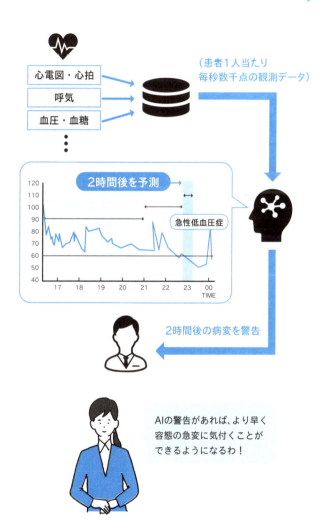

コンテンツ生成は次のトレンド？

　AIが苦手な領域といわれてきた絵を描く、作曲する、小説を書くといった創作活動にもAIが進出しつつあります。絵画ではディープラーニングの一種により多数の画家の作品を学習することで人間の作家に負けない創造的な絵画を描かせることに成功しています。2018年10月にはオークションでAIが書いた肖像画が約43万ドルで落札されるという「事件」も起きました。ただしこれは絵画の芸術性に対する評価とは思えませんが……。

　一方、音楽や小説はAIが完全に独力でプロ並みの作曲を行ったり、文学賞に入選するような小説を書いたりすることは難しい状況です。その理由は絵画と違って音楽や小説には作品の骨格となる構造があり、人間がその構造を与えてあげないとAIは良い作品を作れない点にあります。どういう構造が音楽や小説として優れているかをAIに学習させるためには、芸術としての良さ、悪さの基準を付けた学習データを用意する必要があるため、俳句などの単純な構造を持つジャンルを対象に研究が進められています。

第 4 章

ここまでできる
AIの実力

28 画像認識①

▶ 画像認識は近年最も進展したAIの得意領域

　画像認識は深層学習により飛躍的な進歩をとげたAI技術であり、一般物体の認識に関してはすでに人間を上回る認識精度を達成しています。しかし、どんな画像でも正しく認識できるわけではなく、一定の誤認識が発生することに留意しないと、AIの活用場面で思いがけない失敗に見舞われてしまうことに注意が必要です。

▶ 代表的な応用領域：顔画像認識

　たとえば近年注目を浴びている顔画像認識ですが、大きく2種類の目的で使われています。一つは、画像中から顔画像を特定し、その「年齢」や「性別」を特定する「顔認識」、もう一つは、あらかじめ登録した「顔画像データベース」と照合することで個人を特定する「顔認証」です。また顔認証には、あらかじめ認証対象がわかっていて画像が本人であるか否かを推定する「1対1」認証と、登録されている顔画像データベース中のN人の顔画像との類似性を計算し、誰の顔なのかを特定する「1対N」認証に分けられます。「1対1」認証は、他人を本人と誤認識してしまわないような厳密な認証が必要とされるセキュリティゲートの開錠などで用いられるのに対して、「1対N」認証は、誤認識が許される勤怠管理などで用いられます。

顔画像認識の種類

顔認識

顔認証

1：1認証
＝ or ≠

1：N認証
1 or 2 or 3

1　　　2　　　3

顔認識では、表情や感情を推定することもできます

29 画像認識②

▶ 群衆の中から容疑者を見つけ出す

最近数万人の観衆を集めた香港の人気歌手のコンサート会場で、中国の警察が顔認証システムを使用して容疑者の逮捕に成功したという衝撃的な画像認識技術の利用法が報道されました。ここで言う顔認証は、群衆中の人物の顔と容疑者の顔画像データベース中のすべての容疑者の顔画像との照合を行う1対N認証と言えます。ただし通常の1対N認証と違い、認証対象の人物はほとんどの場合、データベースに含まれない一般の人物である点に注意が必要です。

▶ 似ているだけで拘束されるリスク

そのため、このシステムを使うと、一般市民が逃亡犯と認識される間違いが少なからず起こってしまいます。世の中には同じ顔の人間が3人いると言われているので、そのように酷似した人物を識別することは人間の能力を超えた画像認識能力をもつAIでも不可能に近いといえます。

中国は全国民13億人超の顔画像データベースを構築しており、90%の認証精度をめざしているとのことですが、逆にいうと、10%の割合で誤ってしまうことは織り込み済みということのようです。日本や欧米ではこのような顔認証の利用方法は受け入れられないでしょう。

AIによる監視の行き着く先は？

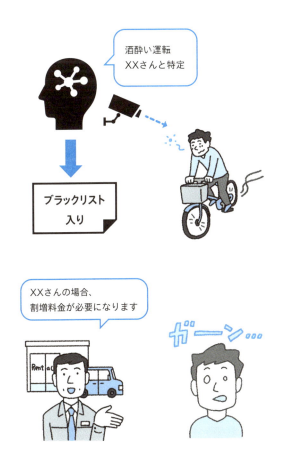

30 音声認識①

▶ ディープラーニングによる応用範囲の拡大

　画像認識と並んで音声認識はディープラーニングで飛躍的に性能が向上しました。それまではHMM（隠れマルコフモデル）と呼ばれる統計的な手法による音声認識が主流で、原稿を読み上げるような朗読音声の認識が限界でしたが、ディープラーニングの登場により、スマートフォンのパーソナルアシスタントとの会話やコールセンターにおける人間同士の会話なども精度よく認識できるようになりました。

▶ 音声認識も人間の能力を超えたのか？

　現在の音声認識は、限定された条件下では人間を超えたという報告もあります。しかし人間同士の自由な会話に対しては人間並みの性能は達成できていません。画像も音声も同じような波の情報なのにどうしてそのような違いが生じるかというと、その理由は音声には画像とちがって「言語」としての側面があるからです。

　人間は音声がうまく聞き取れなくても、発話された状況がわかれば内容を正しく推定することができます。音声認識では、大量のテキストデータを学習して、言語として妥当なものだけが認識結果になるように認識処理をコントロールしますが、会話の文脈までは理解できていません。そのため人間から見るとあり得ない認識誤りが起こります。

人間は状況から発話内容を予測している

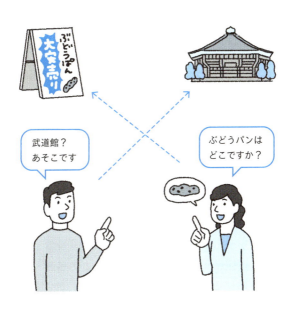

武道館が見えている状況だと
「ぶどうパン」と話しても
「武道館」に聞き間違えられてしまいます

31 音声認識②

▶ オペレーターの発声はわかりやすい

　現状、会話音声の認識が難しいのに、なぜコールセンターの会話音声認識が実用化しているのでしょうか。実はオペレーターの発声は通常の人よりもはっきりしていて、会話内容も特定の内容に限定されているため、一般の会話音声より認識しやすいのです。現在も音声認識や言語理解の新技術が続々と発表されており、自由会話の音声認識が実用レベルになる日もそう遠くないでしょう。

▶ 今後ヒットしそうな音声認識の応用先は？

　今後ヒットしそうな音声認識の応用先を4つ予想します。①「**音声チャットボット**」　SNSなどで普及しているテキスト会話サービスが音声でのやり取りに変わります。②「**対面会話アシスタント**」　店頭での店員とお客様の会話などの対面会話を理解して参考情報の提示などを行ってくれます。③「**議事録作成**」　会議参加者の発言内容を音声認識し、要点を自動要約することで、組織内で作成される各種の議事録作成を大幅に効率化します。④「**ビジネス向け音声翻訳**」　会話音声認識と機械翻訳を組み合わせ、外国語によるビジネス会話音声をリアルタイムで日本語テキストに変換し、日本人の外国語理解をサポートします。

音声認識の長所と短所

長所
- データ入力が速い
- 簡単（操作方法を覚える必要がない）
- 手や目を使わなくてもできる
- ほかの作業をしながらでも可能
- 入力内容を同時に人に伝えられる

短所
- うるさい、人に聞かれてしまう
- 誤認識が発生する（言い直しや認識結果の修正が必要）
- 不向きな用途がある（PC操作であればマウスの方が使いやすい）
- 話しながら使えない

音声には、発話内容以外にも「感情」「話者属性（年齢、性別、出身地）」「個人性（誰なのか）」などの情報が含まれていて、AIにより特定することが可能です

32 文字認識

▶ 苦手だった手書き文字の認識

　紙に書かれた文字は画像情報でありかつ言語情報であるため、画像認識と言語処理のテクニックを用いて文字画像を電子テキストに変換します。文字認識はOCRという名称で半世紀以上前から利用されており、印刷物（名刺、出版物等）や手書き文書（申請書、発注書等）を対象に用いられてきました。ディープラーニング登場以前、活字の認識は実用化されていましたが、手書き文字は「固定ピッチ」と呼ばれるマス目ごとに一文字ずつ書くようなタイプの用紙でないとうまく認識できないという限界がありました。

▶ ディープラーニングで手書き文字認識がレベルアップ

　一文字ずつ画像を切り離すのが難しく、個人ごとの文字の変形が激しいため認識が難しかった手書き文字認識ですが、ディープラーニングを用いることで、マス目がなくても高精度で手書き文字の認識ができるようになりました。書類に書かれるテキストの内容は文法的に正しく書かれているため、音声認識より内容を予測しやすいということも精度向上に有利に働きました。手書き文書の電子化が可能となったことは、データエントリーのコスト低減だけでなく、組織内に死蔵された情報の活用が可能となったという点でインパクトのある出来事です。

文字認識の処理の流れ

電子化

↓ レイアウト解析

↓ 行切り出し

文字切り出し　営業部
　　　　　　　企画担当　課長

 ←

↓ 文字認識

月 島 太 郎

文字認識では、多数の候補から
文章としての正しさと文字の形としての
正しさの2つの観点で、
もっとも良い候補を認識結果として
出力します

33 言語理解①

▶ 統計的な自然言語処理の限界

　人間の言葉をコンピューターに理解させる「言語理解」は、大きく「検索」「分類」「抽出」「変換」の4つに分けられます。どのタイプの言語理解も、かつては人手で作成した辞書や文法を使ったルールベースの処理が主流でしたが、単語の出現頻度により算出される重要度や、文書を構成する単語の分布に基づいた文書の特徴ベクトル化などの高精度で汎用性の高い統計的な手法に取って代わられました。しかし、統計的な手法でも、単語や文の意味的な近さ遠さを正確に計算することは難しく、人間並みの言語理解には程遠い状態でした。

▶ ニューラルネット応用によるブレイクスルー

　統計的な手法において問題となっていた意味の問題を、ニューラルネットを使った機械学習で解決する手法word2vecが2013年に登場しました。米グーグルの研究者トマス・ミコロフ氏らが生み出した同手法は、単語のベクトル表現への変換精度を、従来の統計的手法よりも大幅に向上させました。word2vecは、3層のニュートラルネットワークにより、大量のテキストデータからテキスト中の単語の前後にどのような単語が出現するかを学習することで、単語の意味ベクトル化を実現します。

言語理解の機能分類

大分類	小分類	応用例
検索	類似文書検索 パッセージ検索 ︙	ウェブ検索 特許検索 FAQ検索
分類	文書分類 文書クラスタリング ︙	メールフィルタリング 商品レコメンド
抽出	キーワード抽出 固有表現抽出 関係性抽出 ︙	文書マスキング 文書審査
変換	翻訳、要約 自動構造化 テキスト生成 ︙	英文メール作成 議事録作成 ニュース記事作成

34 言語理解②

▶ ニューラルネットによる言語理解:「検索」、「分類」

word2vecの登場以降、ニューラルネットの言語処理はディープラーニングを含めいろいろなタイプの言語理解に適用され、目覚ましい進歩を遂げています。たとえば「検索」の分野では、チャットボットによる質問応答サービスやコールセンターでの顧客対応におけるオペレーターへの自動回答案提示など質問応答サービスへの応用が進んでいます。また「分類」の分野では、不適切なコンテンツと通常のものをより分けるスパム広告、迷惑メールのフィルタリングや、本人の好みのコンテンツとそうでないものに分類する、音楽や商品等のレコメンドなどに用いられます。

▶ ニューラルネットによる言語理解:「抽出」「変換」

情報抽出の分野では固有表現と呼ばれる人名、日付、金額などの表現の抽出が、文書中の個人情報等を自動的に黒塗りしたり、契約期間等の契約書中の重要情報の自動チェックなどに応用されています。変換の分野に関しては、機械翻訳や要約の自動生成が代表的な応用です。機械翻訳に関しては、2016年にグーグルが提供するグーグル翻訳サービスが統計的機械翻訳と呼ばれる旧来の手法からディープラーニングを用いた新たな機械翻訳にアップデートされて、驚異的な翻訳精度になったと話題を呼びました。

単語の意味ベクトル同士の演算

word2vecで作成された単語の意味ベクトルの加減計算で単語の変換ができます

kingからman(男性)の意味を引いてwoman(女性)の意味を加えるとqueenになります

king - man + woman = queen

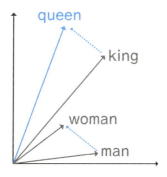

出典:http://www.aclweb.org/anthology/N13-1090

word2vecは単語を
意味ベクトルにするという意味
(word to vector)です

35 未来予測①

気象庁におけるAIの活用

ここでは、未来の事象を予測するAIが現在どのような実力を持つのかについてお話しします。未来の予測というとどのような事象を想像するでしょうか？ 実用化されているものの代表例は「気象」です。大気の状態の予測はスーパーコンピューターのシミュレーションで行います。未来の大気の状態がどのような気象現象となるかを推定するところにニューラルネットや回帰分析などの機械学習を使います。予報官は気象衛星等から得られた観測資料とAIの出した気象予測、コンピューターシミュレーションによって得られた数値予測に基づいて予報を行います。

民間の予報が気象庁の予報を超えた？

それに対して民間の気象情報会社は別のAIの活用を行っています。予報官が参考にする観測資料の一部である雨雲の画像を使って、その経時変化をAIに学習させ、未来の雨雲の変化を予測します。さらに予測には、独自観測機による観測データや民間気象情報会社の個人会員から寄せられる実況報告を使ってデータ補正を行うことにより、90％という高い予測精度、$250m^2$というピンポイントでの予測を可能としています。

天気予報作成の流れ

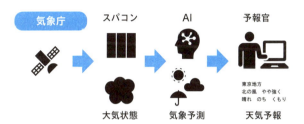

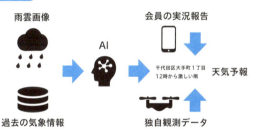

民間の気象情報会社では2018年の西日本の集中豪雨を気象庁より早く予測したんだって

SNSのつぶやき情報を使うともっと精度が上がるかもしれないね

36 未来予測②

▶ 地震予測が困難なのはデータ不足のせい

　天候の予測精度が向上する一方、同じ自然現象である地震は予測が難しいことで知られています。その理由は、天候と違って予測のためのデータを取得することが難しく、データが不足しているためです。気象データは1km間隔で測定されているのに比べ、地震の原因となる地殻のひずみの観測の間隔は約20kmもあります。また、衛星により地表の形状は正確に把握できますが、地震の発生する地中深くの地殻構造の詳細は正確に調べられていません。

▶ 株価の予測の詳細は謎に包まれている

　株の売り買いは、過去の株価の動き、景気や企業の業績、社会情勢などの要因に基づいて行うだけでなく、そのような要因によるヒトの行動を予測して行うという複雑な側面を持っています。さらにアルゴリズムトレードと呼ばれる自動売買プログラムが超高速で大量の株取引を行うことが一層予測を困難にしています。ヘッジファンド業界は、腕利きのディーラーを大量に解雇して、AIに株取引を任せる方向に舵を切りました。多数のAIによる株取引の競争で生き残るカギは何なのでしょうか？ ライバルが使っていない情報や、誰よりも速いAI取引のスピードが勝利のカギだと思われますが、真相は明らかになっていません。

人工知能による株価予測

2016年に創業した米国のAIヘッジファンド、センティエント・インベストメント・マネジメント社が2018年に事業を清算したとのことです

AIを使っても株でもうけるのは楽じゃないということですね

37 異常検知

異常は頻繁には起こらない

異常検知（Anomaly Detection）の難しさは、正常な状態に関するデータに比べて、異常な状態に関するデータを十分用意できない点にあります。異常なデータが豊富にあれば、正常と異常のモデルをつくり、未知のデータが、どちらのモデルに近いかという通常の分類問題として扱えますが、異常なデータが不足する場合、正常な状態に関するデータのみを使って異常を検知する必要がでてきます。

異常検知のアルゴリズムと応用

異常検知には大きく「外れ値検知」「変化点検出」「異常行動検出」の3つのアルゴリズムが存在します。外れ値検知は、新たなデータが、過去の正常データの分布から外れた値になっていないかを調べる手法で、たとえば工業製品の不良品チェックなどに応用されています。また、変化点検出は、時系列で測定されたデータの振る舞いがある時点から変わるポイントを検出するもので、たとえば機械の故障やSNSの炎上といった状態変化の検知に応用されています。異常行動検出は、人間の行動パターンを学習し、パターンからはずれた行動を検出するもので、クレジットカードの不正利用やコンピューターネットワークへの不正アクセスの検出などに利用されています。

異常検知の応用例

不正検知

不正利用　　不正アクセス　　不正請求

イベント予知

故障予知　　予兆検知　　疾病予測

三井フィナンシャルグループでは、ディープラーニングを使ってクレジットカードの不正検知の精度を5％から90％へ大幅に引き上げることに成功したそうです

38 レコメンデーション

▶ Web上のサービスでは必須機能

　アマゾンが「この商品を買った人は、こんな商品も買っています」といって、過去に購入した商品に基づいて商品をレコメンド（お勧め）することはご存知でしょう。このレコメンドには協調フィルタリングという手法を使っています。またグーグルニュースでは、過去に閲覧したニュース記事の内容に基づいて、同じジャンルや同じ話題の記事を画面に並べてくれます。これはコンテンツベース・フィルタリングという手法です。世の中のネットサービスのほとんどは、この2種類のレコメンデーションを用いています。

▶ ディープラーニングのレコメンデーション応用が進行中

　第1章で紹介したSpotifyの音楽レコメンド以外にもディープラーニングのレコメンデーションへの応用が進んでいます。たとえば、グーグルはユーチューブでの動画レコメンドやグーグルプレイでのアプリレコメンドにディープラーニングを利用することで、動画のクリック率やアプリのダウンロード率の向上を図っています。

　また、LINEではスタンプのレコメンドにディープラーニングを使うことで、好ましいスタンプと画像的に似たスタンプのレコメンドを実現し、実績のない新着スタンプの売り上げを増やすことに成功しています。

レコメンデーションのアルゴリズム例

協調フィルタリング

「この商品を買った人は、こんな商品も買っています」

「この商品を買った人で、あなたの購入傾向に近い人が購入したものの中から、あなたが買いそうなものはこれです」

	商品1	商品2	商品3	商品4	商品5
あなた	○	○	×	○	×
Xさん	○	×	○	○	×
Yさん	○	○	○	○	×
Zさん	○	×	×	×	○

この商品をレコメンド

あなたに一番近い人は、Yさん。Yさんが買っていて、あなたがまだ買っていない商品ということで商品3がレコメンドされました

39 行動ターゲティング

▶ 行動ターゲティングとは

行動ターゲティングはウェブサイトにおけるユーザーの行動(閲覧履歴、購入履歴、サイト訪問履歴など)に基づき、ユーザーのセグメント(同じニーズや性質を持つグループ)を特定し、セグメントに応じたプロモーションやキャッチコピー、ナビゲーションを提示することで商品購入、会員登録、問い合わせ実行などの目的達成を促進します。

▶ 行動ターゲティングへのAIの応用

従来、セグメントの特定や提示内容の決定については専門家の知識に基づくルールベースが主流でしたが、38のレコメンデーションと同様、この分野にもAIの導入が進んでいます。多くの企業が営業支援や顧客管理向けのソフトウェアに行動ターゲティング機能へのAIの適用を進めています。たとえばAIでダイレクトメールに反応する顧客数やターゲットとする顧客層ごとの顧客数を推定したり、AIがビジネスの成約率を向上させるためのアクションをレコメンドしてくれる等の機能が提供されています。また、顧客の行動から、現在顧客が商品やサービスの購入に至るどのステージにいるかを推定し、顧客ごとにカスタマイズされた最適な内容のコンテンツや広告を自動的に提示する高度なAIサービスも登場しています。

瞳孔の認識で行動マーケティングは進化する？

どこを見ていたか？

どんな気持ちで見ていたか？

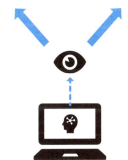

将来的には画面の「どこ」を「どんな気持ち」で見ていたのかがわかるようになり、より深い行動への理解に基づいたマーケティングが可能になるでしょう

40 信用スコアリング

▶ 金融機関における審査への活用

　金融機関におけるローンやクレジットカードの審査には1990年代からAIの導入が進んでおり、申込情報や信用情報、取引情報などからデフォルト率（信用リスクスコア）を計算し審査に利用していました。日本では人間が最終判断を行うために、AIの出す結果の根拠がわかるホワイトボックス型AIが用いられていましたが、米国では2000年代後半から根拠は不明ですが、より高精度なスコアの算出が可能なブラックボックス型AIを利用した完全自動のスピーディな融資サービスがはじまり脚光を浴びています。

▶ 個人への信用スコアサービスの広まり

　個人に対する信用スコアリングは、現在、金融機関の審査の枠を超えて急速に広まっています。2015年に中国のアリババグループが開始したサービスは、住宅の賃貸時の敷金やレンタルサービスでのデポジットなどの要否の決定に用いられており、日本でもドコモ、ヤフー、LINEが信用スコアサービスに参入してきています。信用スコアは年齢や職業などのほか、購買動向やネットコンテンツの閲覧傾向など個人のさまざまなデータなどをもとに算出されるため、個人情報の流出や誤った情報による差別などの問題から、サービスの拡大を懸念する声もあります。

AI導入による信用スコアサービスの拡大

1956年　**FICOスコア**

ローン、保険等の利用履歴、返済履歴から計算

融資における与信や就職試験、入居審査

2009年　**ゼストファイナンス（米国）**

webデータ（アクセスログ等）、オープンデータ、地理情報、SNSデータなどの7万項目以上のデータ

信用力の低い個人向けの少額融資サービス

2015年　**芝麻信用（中国）**

アリペイの利用履歴、SNSでの言動などから計算

賃貸サイトでの敷金やホテル予約のデポジット不要
傘や充電器の無料サービス利用、ビザ取得優遇

41 最適制御①

強化学習とディープラーニングの出会い

　強化学習とは1990年前後から登場した機械学習の一種で、AIが自ら試行錯誤した経験を通じて、より良い結果が出るやり方を少しずつ学んでいくため、あらかじめ正解となる教師データを与えなくてよいという特徴があります。

　この強化学習には、学習対象の取りうる状態やAI自体の可能なアクションが膨大だと学習できないという欠点がありましたが、ディープラーニングと組み合わせることにより、この問題が解決され驚くべき成果が生まれました。有名な応用事例としては、第2章の11でも触れたアルファ碁です。

人間を超えた囲碁AI：アルファ碁の驚異の進化

　アルファ碁は深層強化学習によりブロック崩しなどのビデオゲームをやすやすと攻略するAI、DQNを開発した、ディープマインド社が作り上げた「人間を超えた」囲碁AIです。数々の囲碁チャンピオンを破ったアルファ碁は登場以来急速に進化を遂げ、現在では、深層強化学習による30時間の独学だけで、オリジナルのアルファ碁に完勝するだけでなく、世界一の将棋AIやチェスAIを数時間の学習で破る驚異の学習能力を示しました。

ディープマインド社の驚異の歴史

- 2010年　　ディープマインドテクノロジーとして起業
- 2014年　　グーグルによって買収
- 2015年2月　アタリ2600の49種類のゲームを攻略するDQN(Deep Q-Network)発表
- 2015年10月　アルファ碁がヨーロッパチャンピオンを破る
- 2016年3月　元世界チャンピオンを4勝1敗で破る
- 2017年5月　世界ランキング1位を3戦全勝で破る
- 2017年10月　学習データ不要のアルファ碁ゼロ発表
- 2017年12月　チェスや将棋もできるアルファゼロ発表

DQNはほとんどのゲームで人間のチャンピオンに勝てていないそうです

囲碁よりビデオゲームのほうが難しいってこと!?

42 最適制御②

▶ 深層強化学習による機器の最適制御

　深層強化学習の最も有望な応用先はロボットや自動車などの機器の最適制御です。自動運転は①各種センサー（測距センサー、位置センサー等）や車載カメラに基づいて自車の状態や周囲の状況を把握し、②目的地までの運転経路や安全な走行ラインなどの行動計画を立て、③アクセル、ブレーキ、ハンドルを使って計画した行動を実行することで実現します。深層強化学習は①の周囲の把握から②の行動計画立案の部分への応用が期待されています。

▶ 深層強化学習の問題点

　いかにも万能のように思われる深層強化学習にも問題があります。それはゲームの世界のように、完全に状況を把握したり予測することが可能ではなく、未知の事象がしばしば起こる、不確実性の高い状況に弱いということです。現実の世界やコンピューターシミュレーションで膨大な時間運転しても、体験できなかった事象、たとえばマンホールや建物の窓から道路に人が飛び出してくる、街路樹や電信柱が傾いて倒れてくるなどのイベントを回避することは現在の深層強化学習では困難です。このような不確実性に対応するためには現実世界の不確実性を再現できるシミュレーターの開発等への取り組みが必要となります。

強化学習におけるビッグベイビー問題

ビッグベイビー問題とは、強化学習において、
学習した環境とちがう環境では、赤ん坊のように
何もできない無力な存在になってしまう問題のこと

**四角い部屋で学習したロボットは、
丸い部屋ではうまく動くことができない**

いかに汎用性のあるように
学習対象を設計するかが
ポイントになります

ロボットが東大に入れるのは いつの日か

　グーグルが2018年10月に発表した汎用言語表現モデルBERTは文書比較、質問回答、固有表現抽出など、多数のベンチマークで従来の記録を塗りかえ、質問応答では、人間の回答精度を超えました。BERTは「一つの文だけでなく前の文も考慮して学習する」「単語の前方だけではなく後方も見て学習する」という方法で、より少量のデータから高精度な学習をすることができます。一部ではBERTなら2016年に取り組みを中断した東大に合格できる能力を持つAI「東ロボくん」を実現することができるのではという期待の声があります。

　BERTはディープラーニングによる言語理解の大きなブレイクスルーですが、あくまで現在の言語理解の枠組みを超えているわけではなく、東ロボくんができなかった人間と同様の常識を働かせた言語理解は、やはりできません。しかしながら、人間と違った、現在の言語理解の枠組みで東大に入れる能力を実現できないのかどうか、その結果には興味のあるところです。

第 5 章

AIの未来を考える

43 AIブームの先にあるもの

ブームの終わりはいつ？

筆者は2017年に出版した本で「AIブームはもう終わる」と書きましたが、予想は外れ、2018年以降もブームが続いています。GAFA（グーグル、アップル、フェイスブック、アマゾン）に代表される巨大IT企業が、学習用の画像データを自動生成するAI、人間を超えた精度の言語理解を行うAI、判断の根拠を提示するAIなど、新たな可能性を開くAIを次々と発表したことがブームを長続きさせている一因とみて間違いないでしょう。

一方、人々のAIに対する認識も変わりつつあります。国内外のAIイベントを見ても、ユーザーの興味は華々しい最先端AIへの取り組みから現実的な課題に対する着実なAIの導入に移ってきています。

ブーム後もAI活用は加速する

第1次、第2次のAIブーム後、AIは世の中の一部を除き、姿を消しましたが、今回のブームの後はビジネスや社会を変える大きなインパクトを持つ技術として定着するでしょう。ブームの後には、きちんと課題意識を持ったユーザーと優れたスキルを持つ貴重なAI企業が結びつく機会が増えることで、本格的な実用例はむしろ増加すると思われます。

ガートナーのハイプ・サイクルにおけるAI

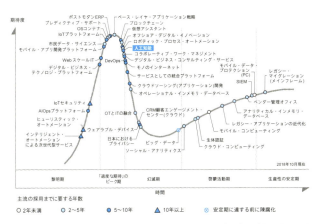

※ハイプ・サイクルとは特定の技術の成熟度や社会への適用度などを示す図です

出典：https://www.gartner.co.jp/press/pdf/pr20181011-01.pdf

2018年10月にガートナージャパンが出したレポートでは、AIはピーク期（ブーム）の終わりに位置づけています

44 AIは人間を超えるか？

▶ 人間に追いつくためのAI：汎用人工知能

個別の能力についてはすでに人間を超えた領域もあるAIですが、人間の持つすべての能力を超えるという意味ではAIはいまだ超えるどころか、追いついてさえいません。人間の能力をすべて兼ね備えたAIは汎用人工知能（AGI）と呼ばれます。AGIを実現する早道は、すべての人間の脳の情報処理をコンピューターで真似ることだと考えられています。日本では、全脳アーキテクチャ・イニシアティブという組織が、脳内の各器官を代替するAIを作成し、脳と同じように各AIを連携させることで、2030年までにAGIを実現しようとしています。

▶ 人間を超えたAIの行き先：シンギュラリティ

AIが人間に追いつくのは難しいですが、いったん追いつけば人間を超えることはたやすいかもしれません。AIには人間のような寿命や情報の伝達速度、記憶容量のような肉体的限界はなく、猛烈なスピードで演算し、自らを進化させることができます。米国の未来学者・レイ・カーツワイルは2045年ごろ、自らを加速度的に進化させ、人間をはるかに超えた高度な知性になるAIが登場するシンギュラリティ（技術的特異点）と呼ばれる事件が起こると予測しています。

シンギュラリティ発生の根拠

カーツワイル博士はシンギュラリティ発生の根拠として、ムーアの法則に代表されるさまざまなテクノロジーの加速度的進歩(磁気記憶装置の価格当たりの容量、DNAの解析済みデータの量、インターネットの基幹回線の速度等々)を挙げています。

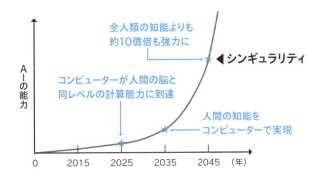

すべてのテクノロジーが加速度的に進化しているわけではないという反対意見もあります

ムーアの法則も、半導体業界では、すでに終わったという認識がひろまっています

45 「AIは人間の職を奪う？」のホント・ウソ

▶ オズボーン准教授らの衝撃的予測

2014年にオックスフォード大学のマイケル・オズボーン准教授は、米国における人間の仕事の47％が今後10年から20年のうちにAIに置き換わるという予測を発表しました。たとえば、代替されるインパクトが最も大きいとされる小売販売員（retail salesperson）は、お客様との定型的な会話を通じて商品を販売することが主要なタスクであり、必要なスキルはAIに代替が容易な定型的なコミュニケーションスキルです。

▶ 代替は仕事ベースではなくタスクベースで進む

しかし、会話以外に小売販売員に求められるスキルはないのでしょうか？ たとえば、お客様が買った商品を、きれいに包装するために美的センスにかかわるスキルも必要でしょう。また、天気や季節に応じて商品配置を考える高度な思考のスキルも求められます。このようにオズボーン准教授らの予測は、仕事に要求されるタスクすべてを考慮していないため、実際には大幅な仕事の置き換えは起きないという見解が今では主流となっています。ただしAIに置き換わったタスクの分だけ人間の仕事のボリュームが減り、解雇される人が大きく増えるということは間違いなく、自分の仕事へのAIの影響に注意を払う必要があります。

仕事は多数のタスクから構成されている

たとえばケーキ店の店員は……

AI化が容易なタスク

注文を受ける　　　レジ打ちする

AI化が困難なタスク

並べる　　補充する　　包装する　　ポップを書く

人間が何気なくやっていることは、実はAIにとって難しいことがよくあります

AIを作ることができてもアルバイトのコストには見合わないわね

46 AIがもたらすのはユートピアかディストピアか①

▶ AIは労働環境改善の切り札

　世の中のしくみを一変させる破壊的テクノロジーであるAIはどのような未来をもたらすのでしょうか？　日本の悪しき風潮である長時間労働は、ホワイトカラーだけにとどまらず、建築、土木、運送、介護といった人手不足の業種でも深刻な問題になっています。AIは、このような労働環境を是正するための切り札として期待されています。

▶ AIが現代のユートピアを実現？

　古代ローマでは、農場や鉱山での過酷な肉体労働だけではなく、乳母、給仕、門番、洗濯などの家事労働、医師、会計士、教師などの専門職、さらには行政をになう各種官僚に至るまで奴隷が用いられていました。一方、奴隷を所有する貴族や一般市民は、労働をせずに日々を趣味や娯楽に費やし、華やかなローマ文化が花開いたわけです。

　奴隷を礎としたユートピアは当然認められませんが、AIが、広くあまねく人間の仕事を肩代わりすることに問題はありません。そうなれば、我々はローマ市民のように、働かずに日々好きなことだけを追求できるようになります。そのようなAIが実現する日がいつ来るかは定かではないですが、やがてそのようなユートピアが訪れることを予想する人は少なくありません。

AIでユートピアが実現する？

過酷な労働

終わらない長時間労働

度重なるストレス

47 AIがもたらすのはユートピアかディストピアか②

▶ AIが人類を滅ぼすことの信ぴょう性

一方、ローマ帝国ではしばしば大規模な奴隷の反乱が起こったように、AIが人類に反旗を翻し、世界の支配者に成り代わるというディストピアの到来を予測する人もいます。

AIが悪意を持ち人間を滅ぼすというとSFチックですが、AIが「誤って」人を殺す可能性があることは容易に想像がつきます。たとえばイチゴ摘みAIが「より多くのイチゴを収穫すること」を目的に、絶え間ない成長を遂げた結果、人間を滅ぼして地球すべてをイチゴ畑にしてしまうというストーリーは現在の技術の延長で起こりうる話です。

▶ 放置できないAIの危険性

また、人間がAIを悪用した結果、世界が滅ぶということはより現実的な脅威です。テスラで有名なイーロン・マスク氏の発言である「AIは北朝鮮より危険」は、核兵器にある規制がAIにはないという現状を警告したものです。このようなAIの危険性を踏まえ、無秩序なAIの技術開発や利用を制限するためのルール作りが進んでいます。たとえば2017年に全世界のAI研究者や倫理、法律などの専門家がAIの安全ガイドライン「アシロマAI23原則」を、2018年にはグーグルがAI禁止4原則を、日本政府もAI活用7原則を発表しました。

AIの危険性を防ぐために作られたルール例

グーグル　AIの禁止4原則

全般的に害を引き起こす恐れのある技術

人を傷つけることを目的とした兵器と関連する技術

広く受け入れられている国際法や人権の原則に違反する技術

国際法規範に反する監視技術

日本政府　AI活用7原則

AIは人間の基本的人権を侵さない

誰もがAIを利用できるよう教育を充実

個人情報を慎重管理

AIのセキュリティの確保

公正な競争環境の維持

AIを利用した企業に決定過程の説明責任

国境を越えてデータを利用できる環境を整備

48 RPAは業務効率化、自動化の切り札

▶ RPAは、第2世代のOAテクノロジー

RPA（Robotic Process Automation）とはソフトウェアロボットによりホワイトカラーの業務を効率化、自動化する取り組みです。PCの操作を中心とした定型的な作業を、人間がロボットに教え込むことで代行させることができます。

RPA以前にも、1970年代にOA（オフィスオートメーション）というホワイトカラーの業務の効率化、自動化の取り組みがありました。これは、紙文書を電子化することで、コンピューターによる業務処理を効率化、自動化する取り組みでした。

▶ RPAはOAができなかった業務の自動化を実現する

OAによりオフィスコンピューターやワープロ、プリンターなどの機器が導入され、業務の電子化、自動化は進みましたが、相変わらず人間が行わなければならない業務が残りました。

オフィス業務が完全に自動化できなかった原因は2つあります。一つは、IT化の対象とならない投資対効果の低い業務があることです。もう一つは、IT化できない人間の知的作業（文章の理解や可否判断）を必要とする業務があることです。

RPAによる業務の自動化の例（請求データの処理）

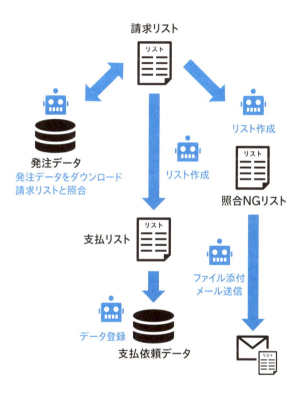

49 RPA＋AIの世界

▶ RPAによる投資対効果の低い業務の自動化

　OAで自動化できなかった業務の中で、投資対効果の関係で対象にならなかった業務は、現場の人間がプログラムを書くことなく、安価で簡単に業務を自動化できるRPAの登場で自動化が可能となりました。日本では2016年からRPAが注目されはじめ、2018年には試行導入を含めると大企業の8割が導入している状況です。

▶ RPA＋AIで自動化がさらに進む

　OAで自動化できなかった業務のうち、人間にしかできない知的作業を伴う業務もRPAとAIの組み合わせによる対応が進んでいます。RPAの苦手な、書類の記載内容に応じて処理を変えるような非定型業務も、言語理解のAIを適用することで自動化できるようになります。OAが普及した現在も、顧客の利便性や法的な理由で紙文書が残っており、業務の自動化を阻む原因となっていましたが、文字認識や言語理解のAIを使うことで紙に書かれた内容を電子化し、データベースに取り込むことができます。

　RPA＋AIの普及により、将来的には人間が作業する必要がある業務は、AIでは対応できない高度な判断や、例外的な内容を含む案件への対応など、真に人間にしかできない作業のみに絞られていくことでしょう。

RPA+AIの業務適用例（申請処理の自動化）

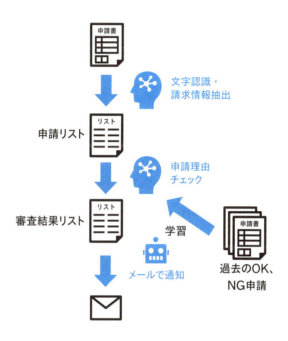

50 働き方改革とAI

▶ 働き方改革の目的とAI活用

「働き方改革」は、国が提唱する一億総活躍社会を実現するための取り組みで、少子高齢化で労働人口が激減する日本の将来に向け、働き手の確保や労働生産性向上を目的としています。働き方改革の実現に向けてAIは何ができるのでしょうか? AIは現在の就労者の生産性を向上させることや、女性、高齢者を中心とした、未就労者の就労を促進させるために活用できるでしょう。

▶ 就労者の生産性向上のためのAI

就労者の生産性をAIで向上させるには2つ方法があります。1つは従業員が本来行うべき、メインのミッションである業務の生産性を上げる方法です。RPA+AIはホワイトカラーの本来業務の生産性を上げる方法といえます。

もう一つは本来の業務を行う上で、どうしても行わなければならない付帯業務の効率化です。働き方改革において、効率化したい付帯業務として関心が高いのは、「会議」、「資料作成」、「メール対応」です。本来の業務は業種や業界により異なるため、個別にAIを作りこむ必要がありますが、付帯業務は、業種業界でほぼ共通であり、AIの効果が大きいことから、AIの導入対象として注目を浴びており、さまざまなAI製品やサービスが登場しています。

三大付帯業務へのAI適用例

会　議　音声認識、自動要約による議事録作成の効率化

資料作成　資料作成の参考となる過去の関係資料の検索

メール対応　回答メールの文案作成 重要度などに応じたメール分類

ホワイトカラーの労働時間の3割は情報を探すために使われているといいます

AIが必要な情報を見つけてくれると大幅に生産性が向上しますね！

51 海外AI vs 国産AI 日本に勝ち目はあるか？

圧倒的な戦力差の存在

　GAFAに代表される米国の巨大IT企業のAIは、日本と比べて文字通り桁違いの技術開発費を使い、日本の研究所からも研究者を引き抜くなど世界中から優秀な人材を集めて作られています。それに比べ、日本は長年にわたるAI研究の蓄積と創意工夫で海外AIと戦える優秀なAIを生み出しており、戦力の差を考えれば善戦していますが、このままではジリ貧と言わざるをえません。

競争力の差はAIを育てる戦略の違い

　海外AIと日本のAIの決定的な差は、海外AIがグローバルなプラットフォームを通じて、無数のユーザーやパートナー企業と結びついていることです。海外AIはプラットフォームを通じて、膨大な学習データやAIの活用アイデアを入手し、猛烈なスピードでAIを進化させています。日本はこのままではGAFAの後塵を拝するしかなく、日本の強みを生かしてGAFAの手の届かない領域で、新たな市場を築くなどの戦略を推進する必要があります。たとえば日本の強みである「モノづくり」「サブカルチャー」「おもてなし」などを生かせる領域に新しいAIの活用方法を見出だすことで、GAFAを圧倒するイノベーションを起こせるかもしれません。

米国と日本とのR&D予算の比較

	米国	日本
国のR&D関連予算／AI関連予算	約16兆5000億円／4000億円	約4兆円／770億円
トップ企業のR&D予算	2兆5000億円（アマゾン）	6000億円（ソニー）

巨人ゴリアテを倒したダビデには投石器がありましたが、日本には何があるでしょう？

脳のリバース
エンジニアリングとAI

　1000億個を超える神経細胞を持つ人間の脳がどのように情報を処理し、高度な学習を行っているのかを究明するために、人間の脳の活動をコンピューター上で再現する取り組みが各国で進められています。ヨーロッパではすでに10億個の神経細胞のシミュレーションが可能なシステムが完成しており、スイスではネズミの脳のシミュレーションを2020年までに完成させる予定です。日本では理研がスーパーコンピューター「京」の後継機を使って2020年以降にヒトの脳全体のシミュレーションを行う予定です。

　ただし、人間の脳全体の神経細胞やシナプスのネットワークをすべて解明するには数十年かかるという見方もあり、コンピューター上のシミュレーションや機械学習の研究成果を活用して脳のネットワーク構造を明らかにする試みが重要視されています。

第 6 章

AI活用のポイント

52 日本社会の課題とAI

▶ AIブームの社会的背景

　今日のAIブームの技術的な背景については第1章でふれましたが、日本のAIブームにはもう一つの理由があります。それは日本が抱える深刻な社会課題の解決にAIが役立つからです。現在の日本が抱える社会課題といえば、少子高齢化の進行による人手不足、全国の社会インフラの老朽化、都市部への人口集中による地方の過疎化の進展、都市の住環境の悪化、経済のグローバル化による競争激化や格差拡大などが挙がりますが、いずれもAIが有効な解決策につながると期待されています。

▶ 具体的な適用形態

　人手不足に関しては、AIが人手の代わりになるだけでなく、女性、老人の就労をサポートすることで実質的な就労人口を増やすことが期待できます。また、社会インフラの老朽化や都市集中による住環境の悪化に関しては、既存の社会インフラのAIによる効率的な活用や維持メンテナンスのコスト低減が有効な対策になるでしょう。過疎化に関しては、たとえばAIによる独居老人の生活サポートや見守り、地域コミュニティを巡回する自動運転バスなどが有効です。競争激化や格差拡大に関してはAIによる業務の自動化や作業者のサポートも役立つと思われます。

日本社会の課題とAIへの期待

- ノウハウの継承
- 生産性向上
- 国際競争激化 長時間労働
- **ミドル・バックオフィス領域**

- 労働力確保
- 少子高齢化 労働力減少
- **フロントオフィス領域**

- 国土強靭化
- 持続可能社会
- 人口集中 インフラ老朽化
- **社会基盤領域**

日本が抱えるさまざまな社会課題の解決に役立ちます

53 AI導入を阻む7つの要因

▶ AIのビジネスへの導入の成功確率は低い

現在、AIベンダの元にはAIをビジネスに導入したい人がひっきりなしに訪れ、対応し切れない状況になっています。しかしAIの基本理解からビジネス導入に至る途中で頓挫するケースが非常に多いことが問題となっています。その原因は大きく以下の7つです。

▶ AI導入が失敗する7つの要因

① AIの使い方が理解できていない
　何でもできる魔法の道具だと思っているケースも。
② 適用すべき課題がわかっていない
　AIを導入すること自体を目的化しているケースも。
③ 従業員の協力が得られない
　現場を巻き込むことが成功への道につながる。
④ 学習データがない
　学習データがない、または未整備だとAIは作れない。
⑤ 作り方がわからない
　AI研究者ではなく使い方を知っている専門家が必要。
⑥ 失敗が許されない
　AIの精度は予測困難。試行錯誤が必要。
⑦ コストがかかりすぎる
　投資対効果を考えて適用先を決定する必要がある。

AI導入を阻む要因

基本理解
- 使い方が理解できていない

机上検討
- 課題がわからない
- 従業員の協力が得られない
- 学習データがない

試行評価
- 作り方がわからない

本格導入
- 失敗が許されない
- コストがかかりすぎる

54 AI適用のターゲットの定め方

▶ 4つの観点で適用対象をチェックしよう

AI適用の対象を選定する場合、以下の4つの観点で適用対象をチェックすることが重要です。

▶ 得意か？作れるか？運用できるか？効果が高いか？

観点1「AIが得意なこと」 AIに求める処理が具体的なルールであれば通常のプログラムとして実装すべきです。AIが必要なのは言葉では説明困難な経験則のようなものです。またAIの苦手な社会性や感性などを要求される対象は避けるべきでしょう。高度で広範囲な専門知識が必要な場合、適用は可能ですが、膨大なデータが必要となるため注意が必要です。**観点2「AIが作れること」** AIを作成するためのデータがあることも必須条件ですが、100％の精度が求められないことも重要です。AIは必ず間違いを起こします。**観点3「AIが運用できること」** 対象が時とともに変化する場合、作りっぱなしのAIでは使えなくなってしまいます。変化に応じて日々AIを育てていくことができない場合、適用は困難です。**観点4「AIの効果が高いこと」** 業務量が多く、処理コストが高い対象が適用先に向いています。プロセス全体を見て導入先を決定しましょう。また、新旧織り交ぜてAI技術を適材適所で使うことで投資対効果を最大化することができます。

AIの適用対象の選定に必要な4つの観点

- AIが得意なこと
- AIが運用できること
- AIの効果が高いこと
- AIが作れること

この4点のチェックが充分できていなかったために、プロジェクトが失敗するケースをよく見ます

55 データがないとAI導入はできない？

▶ 使いながらデータを貯める

　データがない場合、とりあえずデータを蓄積するしくみを作って、データを貯めながらAIを育てることは無理なのでしょうか？　答えは可能です。ただしデータを貯めていく作業で現場に負担がかからないようにすることが重要です。また、導入スタートの状態でAIの効果があれば現場の協力によりデータの蓄積は進むため、最初は学習データのいらないルールベースのAIを併用することも効果的です。

▶ 大量データを必要としない学習方法の適用

　では最近注目されているデータを必要としない強化学習や、学習データの自動生成、少ないデータで作成可能な半教師あり学習などは適用できないのでしょうか？　強化学習は適用可能な領域が限られており、多くの場合、適用は困難です。学習データの自動生成については、完全自動は困難ですが、少量の教師データから大量の疑似教師データを生成することは可能となっています。半教師あり学習は、汎用性は高いですが、多くの場合、きちんと人手で作った教師データで学習したAIとの差は明らかで、そのため半教師あり学習はできるだけ少ない教師データで目標の性能を達成するための手法として使うなどの工夫が必要です。

AIによる回答メール作成支援サービス

AIの活用からのスタートと、
データの蓄積からのスタート、どちらからも始められる

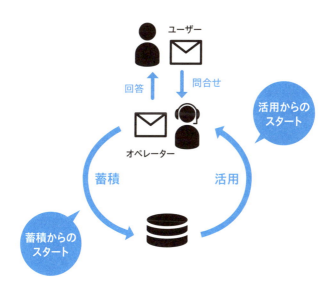

学習データの蓄積作業が現場のメンバーの負担にならないようにすることが重要です

56 AI活用のステージ

▶ 入口は業務効率化、そして新規ビジネスへ

　ビジネスへのAI活用といえば、まず考え付くのは業務の一部をAIに代行させ、効率化を図る既存業務への応用でしょう。次に想定されるのは、自社の持つデータを使ってAIをつくり、付加価値の高い新規ビジネスを立ち上げるという応用です。この2つの応用がAI活用の入口、第1ステージと第2ステージです（右ページの①と②）。

▶ 第3ステージには2つの方向性

　次のAI活用のステージには、「ビジネスの完全自動化」と「リアルタイム世界のインテリジェント化」の2つの方向性があります。両者ともAIが超高速で大量のデータを24時間365日休みなく処理できるという特性を生かした応用ですが、前者は、UberやAirbnbをはじめとするシェアリング・サービスやGAFAが提供する各種のネットサービスのように、人間相手のインテリジェントなサービスであるのに対して、後者は、電力の流れを供給・需要の両側から制御し、最適化する送電網であるスマートグリッドや、自動車と交通インフラの最適制御を実現するスマートモビリティなど、IoTによりつながったモノを対象にしたサービスであるという違いがあります。

3段階のAI活用のステージ

1 既存業務の効率化や高度化

⬇

2 AIによる新規サービスの立ち上げ

⬇

3 ビジネスの完全自動化　　リアル世界のインテリジェント化

> IoTとAIの融合によるリアル世界の
> インテリジェント化はこれから
> 本格的に普及していくでしょう

57 AIの導入スタイルの使い分け

▶ AIアプリケーションの導入が最もお手軽

　AIの導入スタイルには大きく3種類あります。一番手軽なのは「AIアプリケーション（アプリ）を使う」ことです。モノによっては即日導入も可能で、費用もそう高額ではありません。欠点としては自分のビジネスに合わせたアプリケーションのカスタマイズができなかったり高額な費用が発生するケースがあることです。また、AI自体のチューニングができないことがあることにも注意が必要です。

▶ その他2つの方法

　自由にアプリケーションを作りたい、既存のアプリケーションにAIを導入したいというニーズに対しては、出来合いのAIの導入が適しています。クラウドAPIとして提供されるAIはハードの購入が不要で低コストですが、AIアプリケーションと同様、AIのチューニングが不可能な場合があることに注意が必要です。また、要求されるサービスレベルやセキュリティが厳しい場合は、自分でハードを調達する必要のあるオンプレミス（自社運用）版のAIを適用することが必要です。出来合いのAIではどうしてもニーズにマッチしない場合、一からAIを作成する必要がありますが、AIの学習アルゴリズムに関する知見を持った開発者が必要なため、難易度はもっとも高くなります。

3種類の導入スタイル

① AIアプリケーションを利用

② 出来合いのAIを利用

市販されている製品・サービス

③ すべて手作り

58 中小企業の悩みをAIは解決できるか？①

▶ 中小企業の抱える課題とAI

中小企業が抱える代表的な課題として挙げられるものは「営業力・販売力の強化」「人材の確保・育成」「コストダウン、販売価格の引き上げ」「財務体質の強化」の4つでしょう。これらの課題の解決にAIはどのように活用できるのでしょうか？

▶ 営業力・販売力の強化

中小企業の営業は、ルート営業が中心で新規顧客の発掘ができていないという問題を抱えています。ロボット営業マンが飛び込みで営業をしてくれることは現時点では無理ですが、優秀な営業マンのナレッジを学習して、有望な新規営業先の発見や有望な営業アクションのレコメンドにAIを活用することは、営業力の強化につながります。

▶ 人材の確保・育成

中小企業は給与や福利厚生の面で大企業に劣るため、つねに人手不足で熟練労働者のノウハウ継承が難しいという問題を抱えています。熟練労働者の作業結果をAIに与えて学習させれば、短期間にノウハウをAIに習得させることができます。また、学習結果を可視化することにより、新人への教育も容易となるため、人材の育成にも役立ちます。

AIは数多くの悩みに苦しむ中小企業の味方

- 営業力・販売力の強化
- 人材の確保・育成
- コストダウン、販売価格引き上げ
- 財務体質の強化

59 中小企業の悩みをAIは解決できるか？②

▶ コストダウン、販売価格の引き上げ

　大企業に比べ、中小企業は仕入れ価格の上昇率が大きく、また、納入先からは頻繁にコスト削減を要求されるという板挟みの状態で、製造コストの削減や販売価格の引き上げを実現しなければ生き残れない状況となっています。原料の共同購入や商品の共同輸送をAIによるマッチングで最適化することでコスト削減を実現したり、特注品の設計製造を担当する熟練エンジニアをAIでサポートすることで、生産向上や納期短縮を実現することは、中小企業にとって魅力的なAIの活用方法といえます。

▶ 財務体質の強化

　中小企業は、信用力が乏しく、事業の将来性があっても融資をうけることが難しく、条件も不利となります。そのため、有形資産をベースにした信用力に代わり、ノウハウや人材、企業文化などの無形資産の価値を評価してもらうことが必要ですが、その評価は難しく、実現できていません。海外で始まっているSNSの評判情報などを審査に利用する中小企業向けの即時融資のように、多面的な情報を使ったスピーディな融資サービスをAIで実現すれば、中小企業の財務体質の安定強化に役立つでしょう。

AIによる配送コストの削減

AIが効果的な
共同配送のパートナーを
マッチング

AIで、商品や原材料を輸送する
中小企業同士をマッチングさせて
効果的な共同配送や共同購入を
実現することも有効でしょう

60 人間の置き換えか、人間のサポートか

▶ 拡張知能という新しいAIの捉え方

AIに対する理解が進む中、すべてをAIにやらせることは難しいので、人間の仕事のサポートにAIを使おうという動きが増えてきました。これはAIをArtificial Intelligence（人工知能）ではなく、Augumented Intelligence（拡張知能）と捉える考え方といえます。

▶ 人間とAIの組み合わせ方

AIによる人間のサポートには3種類の形態があります。もっとも一般的なのは、複数の作業をAIができるものと人間しかできないものに分けて行うというやり方です。たとえば申し込み書の処理でいえば、記載内容の電子化や記載漏れのチェックなどをAIが担当し、申し込みの可否判断は人間が行うという使い方です。

2つめのやり方は、同一の作業を案件の難易度に応じて分け、簡単なものをAIが難しいものを人間が担当するやり方です。このやり方は保険の審査業務などで採用されており、案件の難易度にばらつきがある場合に有効です。

3つめのやり方はAIが作業を行い、人間がAIの作業結果をチェックし修正を行うというやり方です。銀行の融資審査など、慎重を期す必要のある作業にこのやり方が採用されています。

3種類ある、人間とAIの分業パターン

AIの出す答えに根拠は必要?

「AIの出す答えは根拠がわからないと使えない」という問題を指摘する声をよく耳にします。これはAIの答えを手放しで信用する気はなく、答えを採用するかどうか個別に判断したいという思いがあるからです。そのため、ブラックボックス型のAIに根拠を説明させる試みがいろいろと行われています。しかしAIが学習した人間の知識はもともと言語化ができない「暗黙知」が多数を占めており、たとえAIが説明しても理解できないといったケースがでてくるのではないでしょうか?

たとえば腺がんと扁平上皮がんの2種類の肺がんを区別するAIにそれぞれの腫瘍の遺伝子変動情報を与えると識別精度が上がったという興味深い報告があります。この理由は人間にとっては想像の範疇を超えていて、たとえAIが根拠を説明しても理解することは難しいのではないでしょうか? 人間が人間を信頼するように、AIを信頼することでAIというブラックボックスを受け入れざるを得ない日がくるかもしれません。

第 7 章

AIアプリケーションの
しくみ

61 AIチャットボット

チャットボットの種類

　チャットボットとはネット上のリアルタイムなテキスト会話サービス（チャット）で、動く自動会話プログラム（ボット）のことです。チャットボットの使用目的は大きく3つあります。1つはユーザーの質問に回答する質問応答型チャットボット、2つめはユーザーとの会話で航空券の予約、商品の購入などを行うサービス代行型チャットボット、3つめはユーザーがキャラクターを演じるチャットボットとの会話を楽しむためのエンターテイメント型チャットボットです。

AIの役割

　AIは、ユーザーの発話（入力テキスト）の意味内容を捉える部分、そして、意図に合った応答をチャットボットが返す部分に使われています。発話の意味内容を捉える部分は、近年単語や文の意味を数値化（ベクトル化）する技術が進歩して、精度があがりました。このことがチャットボットの普及に大きな影響を与えています。一方、発話者の意図に合った応答をチャットボットが返す部分は、ルールベースと呼ばれる古い世代のAIがいまだ主流です。そのためルールから外れた内容の発話に対しては、返答できなかったり、見当はずれの答えが返ってきたりします。

チャットボットにおけるAIの役割

文の意味の近さを判定

1が一番近い

「本社の最寄駅はどこですか？」

1. 本社ビルの最寄りの駅を教えてください。
2. 本社ビルの住所を教えてください。
3. ××支社の最寄駅を教えてください。

意図や条件を推定

「飛行機に乗りたい」という意図だな

日にちは今週の木曜
目的地は鹿児島

「今度の木曜日に鹿児島に行きたいんですけど」

会話ルールで応答を生成

 今日は暑いね〜

ホント暑いナリヨ

「暑い」という感情表現だな

「暑い」と言われたらこう返す

応答生成には、大量の人間同士の対話データをもとに応答を生成するやり方も試みられています

62 AI議事録作成

▶ AI議事録作成の成功条件

　会議室での複数の人間の会話を高精度で音声認識するためには、「クリーンな音声の収録」「会議の内容に合わせたAIのチューニング」が重要です。参加者各自が専用のマイクを持ち、事前に過去の議事録などの会議の内容にマッチしたテキストデータをAIに学習させることができれば、会議の音声のテキスト化は実用レベルの精度で行うことができます。

　もちろん音声認識の発言テキストには認識誤りが含まれていて修正が必要ですが、一から文字起しすることにくらべると、ワンクリックでオリジナルの発言を再生しながら認識誤りを修正する作業は非常に効率的といえます。

▶ AIによる要約作成

　AI議事録作成では、AIは会議音声のテキスト化以外にも発言テキストの自動要約に用いられています。現在の自動要約の主流は、要約対象のテキストを構成する各文の重要度を計算して、最も重要な文から順番に希望の分量のテキストになるまで文を取り出し、要約を作成する「重要文抽出方式」です。そのため、人手の要約に比べて、内容の漏れには強いですが、長時間の会議を簡潔にまとめることは苦手なため、人手による修正が必須となります。

AI議事録作成の流れ

音声の収録
会議

AI議事録作成
性能チューニング(言語モデル学習)
音声認識(音声のテキスト化)
発言の重要度判定
要約作成
オリジナル音声の保存・再生

議事録編集
発言テキスト確認、修正
重要発言のマーク付け
要約文修正

議事録

63 スマホナビゲーション

道路状況の把握

　車載ナビに代わり、すっかり普及したスマホナビゲーションは、どこにAIが使われているのでしょうか？ 一つは道路状況の推定です。車載ナビではVICSと呼ばれる交通情報提供サービスから取得した情報で道路状況を把握していました。それに対しスマホナビゲーションではスマホに搭載されたGPSや加速度センサーから取得される位置情報と移動速度から道路状況を推定します。移動速度から車で移動している携帯を見つけ、過去の移動速度との比較により、現在の道路状況を正確に把握します。

最短経路の算出

　AIはまた、目的地までの最短経路の算出に用いられています。走行距離だけでなく所要時間、必要料金などを考慮した最適な経路をダイクストラ法などの「探索型」AIで計算します。今後はより高度なAIを活用して、ユーザーの好みを学習し、ユーザーの状況に応じたルートのレコメンデーションを行う、よりインテリジェントな経路探索に進化するでしょう。

　また、現在位置やユーザーの行動（視線や会話の内容など）に応じて有益な情報を提示するような高度なプッシュ型サービスもそう遠くない未来に現れると思われます。

ナビゲーション生成の流れ

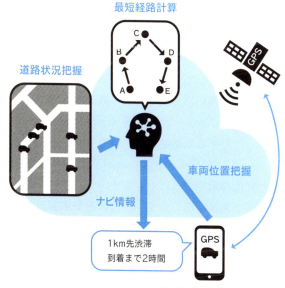

自社の車メーカーも
自社の車の位置や移動速度の
情報を取得して
ナビ等に活用しています

64 スマートスピーカー

▶ AIスピーカーの中身

　AIスピーカーとも呼ばれるスマートスピーカーですが、実は中にはAIは入っていません。入っているのはスマートスピーカーの周囲にいる人間とやり取りするためのスピーカーとマイクロフォン、そしてスマート家電やクラウド上のAIとやり取りするための無線（WiFi、赤外線等）だけです。

　AIスピーカーはチャットボットがテキストでやり取りするかわりに音声でやり取りします。そのためチャットボットのような言語理解に加えて、音声をテキストに変換するための音声認識とテキストを音声に変換するための音声合成の3種類のAIを使っています。

▶ カギはスマート家電との連携

　チャットボットと同様にスマートスピーカーは複雑な会話はできません。むしろ音声認識には誤りが生じるため、チャットボット並みの会話も難しい側面があります。そんなAIスピーカー発展のカギはスマート家電との連携でしょう。たとえばスマート家電が備えるセンサーやカメラを使って部屋の状態を把握し、ネット経由で気象予報や、ユーザーのスケジュール情報を取得してエアコンや暖房器具、加湿器などを制御することで、非常に省エネルギーな室温管理ができるようになるかもしれません。

スマートスピーカーのしくみ

スマートスピーカーは実質、画面のないスマホみたいなものです

だから値段が高くないのね

65 クレジットカードの加盟店審査

▶ 加盟店審査業務へのAI適用の背景

クレジットカード会社ではクレジットカードの加盟店になりたいという申込みの審査にAIを活用しています。審査には申込み情報とブラックリストなどの内部データ、帝国データバンクなどの商用データに加えて、インターネット上の情報(申込み店舗の公式サイト)を利用していましたが、申込みが年々急増していく中、人手で公式サイトを見つけて内容を確認する作業の効率化が大きな課題となり、作業の自動化を目的としたAI導入に踏み切りました。

▶ AIによるネット上の関連情報の自動収集

AIは、申込み店舗の公式サイトを特定し、サイトのページから店舗の所在地や経営者の氏名など、審査に必要な情報を抽出します。そして申込み情報とのつき合わせにより、経営者の氏名が合致しない等の問題を発見すると、担当者に警告を出します。またAIは従来行っていなかったSNS上での申込み店舗に関するネガティブな風評情報(「商品が届かない」、「詐欺まがいだ」など)を自動的に発見し、あわせて担当者に報告することで審査品質の向上にも役立っています。こうした審査はすでに加盟した店舗に対しても定期的に行う必要があるため、クレジット会社にとって非常にインパクトの大きいAIの使い方といえます。

加盟店審査の画像イメージ

① 会社概要の取得

ホームページから
必要情報を自動抽出

③ 評判情報

Twitterのデータを
活用

④ 商品情報の表示

ECサイトから情報を
収集し該当商品を表示

⑤ 取扱い禁止商品の有無

取扱い禁止の
可能性がある商品の
ホームページを
自動表示

② 営業時間の表示

取得したい情報が載っている
Webページを正確に
推定するところにも
AIが使われています

66 コールセンターの オペレーター支援

▶ コールセンターへのAI適用の背景

　近年のコールセンターは人手不足やモンスター顧客の問題からオペレーターの離職率が高く、顧客の質問に正確に答えられる商品知識を持ったオペレーターが育たないという問題を抱えています。そのため音声認識や言語理解に関するAIによってオペレーターをサポートすることで、対応品質を向上させると共にオペレーターの業務環境の改善を図る取り組みが盛んになっています。

▶ 2種類の適用目的

　AIの適用目的には「オペレーター対応の効率化」と「オペレーター対応の自動モニタリング」があります。前者に関しては、顧客の質問に回答するための参考になる情報をFAQや製品マニュアル等から検索提示する機能や、会話内容を自動要約して応対記録を作成する機能により対応時間の短縮を実現します。後者に関しては、会話から顧客の怒りの感情を検出したり、「絶対に儲かります」などの言ってはいけないNGワードをオペレーターの発言から検出しオペレーターの上司に知らせる機能、会話に対する顧客の満足度や、オペレーターの話すテンポを測定しオペレーターに知らせる機能などにより、顧客とのトラブル回避やオペレーターの対応改善を実現します。

コールセンターのオペレーター支援の画面イメージ

音声認識

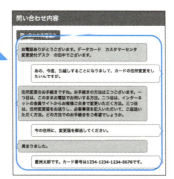

FAQ検索

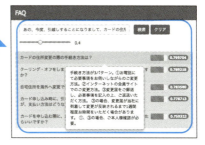

ユーザー情報抽出

67 リアル店舗のマーケティング分析

▶ リアル店舗のマーケティング分析の難しさ

　ネット上のECサイトでは、売上向上のためのマーケティング分析が広く普及しています。その背景には分析に必要な顧客の行動データ（クリック、ページ閲覧数等）や属性データ（会員登録データ等）を取得しやすいことがあります。それに対してリアルな店舗におけるマーケティング分析は、顧客が何を購入したかどうかはわかるが、購入に至るまでの行動を把握できないため、同様の分析手法を適用できないという問題がありました。

▶ AIを使ったマーケティングデータ測定

　リアル店舗のマーケティング分析では、近年急速に進化した画像認識のAIを使い、店舗に設置したビデオカメラで撮影した動画から、来客人数、来客の年齢、性別、店舗の各エリアごとの立寄り率や滞在時間など、従来では取得不可能だったデータを測定します。現状では、測定データはマーケティング施策の立案や効果測定に利用されていますが、今後はAIとIoTをつなぐことで、リアルタイムなマーケティング施策を実現できるようになるでしょう。たとえばAIを接客ロボットと連携させ、ターゲットの年齢、性別の来客にイベントを案内したり、購入を迷っている来客を見つけてクーポンを出すなどの使い方が考えられます。

実店舗でのリアルタイム行動マーケティング施策

スマートフォンの次を見据えたAIサービス

　スマートフォンはいつでもどこでもインターネットを通じて人々をつなぎ、GPS、カメラ、マイクなどを使ってAIを活用した斬新なサービスを受けられる生活に欠かせないプラットフォーム（情報基盤）となっています。ではスマートフォンは今後も人々のプラットフォームでありつづけるのでしょうか。すでにスマートフォンの機能的進化は袋小路を迎えつつあり、遠くない将来、新たな情報基盤となるデバイスが登場すると思われます。その有力な候補はスマートグラスでしょう。

　スマートグラスは人間が活動している間、常時、情報の取得と提供を行うことが可能であり、ARのような現実空間と仮想空間を重ね合わせるような使い方にも向いています。バッテリーや表示解像度の問題解決を契機にスマートグラスは急速に普及し、スマートフォンを駆逐していくのではないでしょうか？　将来のプラットフォームの交代のタイミングを狙って、数多くの企業が、現在、新たなAIサービスの開発に注力していると思われます。

第8章

AIサービスの作り方

68 AIサービス立ち上げの手順

▶ 基本は机上検討、実機検証、商用開発

AIサービス立ち上げの手順の基本は机上検討、実機検証、そして商用開発の3フェーズです。机上検討では、まず課題の抽出を行い、次に課題に対するAIの適用案を考え、各案の実現性や投資対コストなどの観点で評価し、実現したいAI適用の案を決定します。ユーザーのAI自体の理解が不足している場合、AIの勉強から入る場合もあります。

▶ AIサービス構築にはPoCが効果的

次のフェーズは実機検証となります。実機検証とはPoC（Proof of Concept：概念実証）とも呼ばれ、小規模なAIサービスのプロトタイプを作成しAIの技術的な実現性（性能、速度等）とビジネス的な実現性（コスト、効果、サービスの使い勝手等）を評価します。技術面では、商用開発に必要な学習データが用意できること、またビジネス面では現場ユーザーのプロトタイプに対するフィードバックが得られていることが重要なポイントです。

最後の商用開発フェーズでは、フルサイズのデータを使ってAIを作成し、商用版のサービスを構築します。商用版ではAIのパフォーマンスを測定し性能の低下をチェックする機能や運用の中で新たなデータを蓄積、追加学習する機能の実現が重要なポイントとなります。

導入するAIに応じたPoCの実施パターン

実績のあるAIの場合

机上検討 → 商用開発

実績の乏しいAIの場合

机上検討 → PoC（技術検証） → 商用開発

導入効果の予測が困難な場合

机上検討 → PoC（ビジネス検証） → 商用開発

AIによっては技術検証とビジネス検証の両方が必要となります

69 AIサービス作成に必要なメンバーは

どんな人材タイプが必要か？

AIブームで需要が大きく伸びているAI人材には、AI研究者、AIコンサルタント、AIエンジニア、AIプログラマーといった人材タイプがあります。AIサービスの構築には、机上検討のフェーズで課題解決のためのAIサービスを考え、その評価を行うAIコンサルタントが必要です。また、実機検証と商用開発においては実際にAIの作成、評価を行うAIエンジニアが必要です。AIエンジニアは既存のツールやライブラリを使用するだけでなく、自らの知見に基づいたデータの前処理や工夫や他技術との組み合わせなどの作り込みにより、優れたAIを作り上げます。

AIベンダとの連携は必須か？

AIに関する知識やAIサービスの開発経験が必要なAIコンサルタントやAIエンジニアは自前で育成することが難しいため、AIベンダとの連携が必要となりますが、難易度の低い目的のためのAIや、シビアな性能を要求されない簡易なPoCのためのAIなどは、既存のツールやライブラリ、クラウド提供されるクラウドAPIなどを使ってAIを作るAIプログラマーでも対応可能であり、人材を自社で育成し、対応することも可能でしょう。

AIサービス構築のために必要な人材のタイプとスキル

机上検討	試行評価	商用開発	運用
ビジネス課題を発見する／課題を解決するサービスを考える	AIサービスを試作・評価する	試作版を元に商用サービスを開発する	運用の中でAIを改善していく

AIコンサルタント: 机上検討

AIエンジニア: 試行評価・商用開発・運用

- **アルゴリズム**: 各種の学習ツールを活用しAIを構築する
- **ハード**: AIの構築、サービス提供基盤を設計する
- **データ**: 学習データを整備する

AIエンジニアにはツール活用、基盤設計、データ整備などのスキルが要求されます

70 今までの作り方との違い

従来のシステム開発との違い

従来のITシステムとAIを使ったシステムの作り方は大きく違います。設計段階では、従来は処理手順を設計書に書き出す必要がありましたが、中味がブラックボックスのAIが処理を担当する部分については、設計書に書くことができません。また、AIを使う場合、PoCフェーズにおいて試行錯誤を繰り返しながらプロトタイプを作成していくことから、短期間に開発サイクルを回すことを繰り返すアジャイル型と呼ばれる開発手法が良く用いられます。

出力の誤りや変化が起きる

従来と違って、AIを使ったシステムは100%の精度を保証できないため、システムの目標精度はPoCの結果などから決める必要があります。また、AIが誤りを起こした場合、正しい結果を返すように修正することは従来のシステムでは比較的容易でしたが、AIを使う場合、学習結果がブラックボックスとなっているため、その修正は容易ではありません。

また、AIは学習するにつれて入力に対する出力が変化するため、従来は必須であった入力に対する出力の同一性を保証することはできません。

従来のシステム開発とAIの作り方の違い

	従来のシステム	AIシステム
開発手法	ウォーターフォール（上流から下流へ一方通行）	アジャイル（短い繰り返し型）
判断ロジック	設計書に記述しプログラム化	設計書に記述されない学習結果として記録
実現する精度	100%	100%ではない
品質評価	テストデータに対して間違いがないこと	テストデータに対して目標精度を上回ること

71 クラウドAIを利用したサービスの作り方

▶ APIを使ってクラウドAIを呼び出す

グーグル、マイクロソフト、IBM、アマゾンなど、米国の巨大IT企業は、それぞれクラウド上にAIを揃え、APIと呼ばれるAIを呼び出すための「呼び出し口」を公開しています。AIを使いたい人は、AIサービスのアプリからAPIを呼び出すだけでAIを利用できるのです。各社のクラウドAIの性能に違いはあるのでしょうか？　たとえば音声認識はグーグルが、物体認識はマイクロソフトが強いというような話を聞きますが、各社とも、AIの精度は日々改善されており、最新の状態での優劣は予断を許さない状況です。

▶ クラウドでAIを作る

クラウドでは出来合いのAIを使うだけでなく自分のAIを作ることもできます。ディープラーニングに関しても自分のデータを登録して学習を行うことができるサービスを各社が提供しています。

このような機械学習のサービスのポイントは作成されたAIの性能というよりも、むしろ機械学習の中身をよく知らなくてもAIを作ることができる使いやすさにあります。グラフィカルな表示や各種設定の自動化などシンプルで直感的な操作でAI作成ができることが当たり前になってきています。

クラウドサービスの一覧

	クラウドAI	ディープラーニング／機械学習ツール	特徴
Google Cloud Platform (GCP)	7種類	Cloud Machine Learning、AutoML、BigQuery等	Gmail等のクラウドサービスとの連携
Microsoft Azure	5種類	Azure Machine Learning Machine Learning Studio等	Office365等のMicrosoft製品との連携
IBM Cloud	12種類	Watson Studio Watson Machine Learning AI OpenScale等	基幹業務へのAI適用に合ったオンプレミス連携
Amazon Web Services (AWS)	9種類	SageMaker AMI等	データ分析、ストレージ等のクラウドサービスのデファクトスタンダード

AIの適用先の環境や
AIのチューニングのしやすさなどが
クラウド選択のポイントとなります

72 AIサービスを安価に作るには

▶ 安価なAIの利用方法を検討する

　強いAI適用ニーズとAIエンジニアの不足を背景に、AIサービスのシステム構築には数千万、数億円という高額な費用がかかるケースは珍しくありません。そのため安価な出来合いのAIやAIアプリケーションの利用が可能なのか、AIコンサルタントに検討を依頼することをおすすめします。検討では、そもそもAIを導入しなくても、業務のやり方の見直しや安価な他のITの適用によって課題が解決できる可能性についても調べてもらえます。検討費用はピンキリですが、数百万円レベルが一般的です。

▶ 運用形態によって費用が変わる

　AIシステム開発の費用の多くはソフトウェア作成やシステム基盤構築の費用ですが、どんなAIを使うかによって大きく変わります。クラウドAIを利用する場合、ハードウェアやシステムの運用コストが抑えられるため一般的に安価になります。また忘れてはいけないのは開発後のシステムの運用費用が、AIの運用形態によって大きく変わることです。AIの学習を頻繁に行うような運用形態の場合、サービスを実施するためのシステム以外に、学習用の高価なハードウェアを自前で用意するか、クラウド上の高価なサービスを利用する必要があります。

AIサービスの構築に必要な作業

机上検討 〉試行評価〉商用開発〉 運用

 業務分析

 AI開発

 システム基盤構築

 保守運用

 AI適用検討

 プロトタイプ開発

 商用開発

クラウドサービス適用範囲

 試行結果分析

 既存システム連携

クラウドサービスを使うことで大幅なコスト削減や期間短縮ができるケースもあります

73 AIサービスの落とし穴

▶ 誤動作への対策が必要

　AIサービスを開発する人間はサービスが深刻な問題を引き起こす可能性に注意する必要があります。たとえばAIが誤動作して人命を脅かしたり経済的損害を与えたりしないためにはどうすればいいでしょうか？

　そのためには通常のITシステムではフェイルセーフと呼ばれるシステムの制御のしくみを組み込んで対処しています。AIは、同じ入力でも学習によって出力が変化すること、未知の入力に対する出力が予期できないことから、誤作動に対する入念な対策が必要です。

▶ 偏ったデータによる学習に注意

　理性的で公平な判断を期待されるAIが、差別的な発言を行ったり、偏見に満ちた判断をする可能性にも注意が必要です。このような問題は差別的な記述を含むテキストや、偏見に基づいた判断結果を学習データとしてAIが作成されることにより起こります。

　たとえば、ユダヤ人を差別する発言を聞かされたマイクロソフトのAIがヒトラーを擁護するようになった事件や、犯罪者の画像データを学習させたアマゾンのAIが米国の上院、下院議員のうち高い割合で黒人の議員を犯罪者と誤認識した事件がこの問題にあたります。

AIは偏った学習データを学んでしまう

AIによるサービス	事件の内容
顔画像認識	黒人の顔が犯罪者と誤認識されやすい
人材採用	女性が採用されにくい
まばたき検知	東洋人の笑顔がまばたきと判断されてしまう
機械翻訳	女性を指す単語を男性代名詞にしてしまう
チャットボット	人種差別、ヒトラー擁護の発言をしてしまう
画像検索	「黒人の若者」で検索すると逮捕者の顔写真が多くヒットしてしまう
写真分類	黒人をゴリラに分類してしまう
再犯予測	黒人の再犯リスクを高く推定してしまう

学習データが偏ったものになっていないか疑うことが重要です

AIが量子コンピューターを必要とするワケ

　ムーアの法則が破たんし、コンピューターの性能向上が限界を迎えつつある今、「量子ゆらぎ」という新たな計算原理に基づいた量子コンピューターが注目を浴びています。量子コンピューターは0と1の2つの状態を同時にとることができる「量子ビット」を用いて、n個のビットで2^n通りの計算を同時に行うことで、想像を超えた計算速度を実現します。

　量子コンピューターには汎用的な計算が可能な「量子ゲート方式」と、組み合わせ最適化問題を解くために特化した「量子アニーリング方式」の2種類があります。後者は自動運転などのリアルタイム最適制御や機械学習の性能向上などに適用が進められています。しかしながら、AIにとってよりインパクトの大きいのは前者です。前者はすべてのAIに適用できる汎用性を持つだけでなく、AIの究極の目標である汎用知性の実現につながる人間の脳の精密なシミュレーションを可能にします。残念ながら、前者は現在まだ数十量子ビットレベルでしか実現できておらず、実用化にはまだ相当の年月が必要です。

日経文庫案内 (1)

〈A〉 経済・金融

1	経済指標の読み方(上)	日本経済新聞社
2	経済指標の読み方(下)	日本経済新聞社
3	貿易の知識	小峰・村田
5	外国為替の実務	三菱UFJリサーチ&コンサルティング
6	貿易為替用語辞典	東京リサーチインターナショナル
7	外国為替の知識	国際通貨研究所
8	金融用語辞典	深尾光洋
18	リースの知識	宮内義彦
19	株価の見方	日本経済新聞社
21	株式用語辞典	日本経済新聞社
22	債券取引の知識	武内浩二
24	株式公開の知識	加藤・松野
26	EUの知識	藤井良広
32	不動産用語辞典	日本不動産研究所
36	環境経済入門	三橋規宏
40	損害保険の知識	玉村勝彦
42	証券投資理論入門	大村・俊野
44	証券化の知識	大橋和彦
45	入門・貿易実務	椿 弘次
49	通貨を読む	滝田洋一
52	石油を読む	藤 和彦
56	デイトレード入門	廣重勝彦
58	中国を知る	遊川和郎
59	株に強くなる 投資指標の読み方	日経マネー
60	信託の仕組み	井上 聡
61	電子マネーがわかる	岡田仁志
62	株式先物入門	廣重勝彦
64	FX取引入門	廣重・平田
65	資源を読む	柴田明夫・丸紅経済研究所
66	PPPの知識	町田裕彦
68	アメリカを知る	実 哲也
69	食料を読む	鈴木・木下
70	ETF投資入門	カン・チュンド
71	レアメタル・レアアースがわかる	西脇文男
72	再生可能エネルギーがわかる	西脇文男
73	デリバティブがわかる	可児・雪上
74	金融リスクマネジメント入門	森平爽一郎
75	クレジットの基本	水上宏明
76	世界紛争地図	日本経済新聞社
77	やさしい株式投資	日本経済新聞社
78	金融入門	日本経済新聞社
79	金利を読む	滝田洋一
80	医療・介護問題を読み解く	池上直己
81	経済を見る3つの目	伊藤元重
82	国際金融の世界	佐久間浩司
83	はじめての海外個人投資	廣重勝彦
84	はじめての投資信託	吉井崇裕
85	フィンテック	柏木亮二
86	はじめての確定拠出年金	田村正之
87	銀行激変を読み解く	廉 了
88	仮想通貨とブロックチェーン	木ノ内敏久
89	シェアリングエコノミーまるわかり	野口功一
90	日本経済入門	藤井彰夫

〈B〉 経営

25	在庫管理の実際	平野裕之
28	リース取引の実際	森住祐治
33	人事管理入門	今野浩一郎
41	目標管理の手引	金津健治
42	OJTの実際	寺澤弘忠
60	ISO9000の知識	中條武志
63	クレーム対応の実際	中森・竹内
67	会社分割の進め方	中村・山田
70	製品開発の知識	延岡健太郎
73	ISO14000入門	吉澤 正
74	コンプライアンスの知識	髙 巖
76	人材マネジメント入門	守島基博
77	チームマネジメント	古川久敬
80	パート・契約・派遣・請負の人材活用	佐藤博樹
82	CSR入門	岡本享二
83	成功するビジネスプラン	伊藤良二
85	はじめてのプロジェクトマネジメント	近藤哲生
86	人事考課の実際	金津健治
87	TQM品質管理入門	山田 秀
88	品質管理のための統計手法	永田 靖
89	品質管理のためのカイゼン入門	山田 秀

91	職務・役割主義の人事	長谷川 直紀
92	バランス・スコアカードの知識	吉川 武男
93	経営用語辞典	武藤 泰明
94	技術マネジメント入門	三澤 一文
95	メンタルヘルス入門	島 悟
96	会社合併の進め方	玉井 裕子
97	購買・調達の実際	上原 修
98	中小企業のための事業継承の進め方	松木 謙一郎
99	提案営業の進め方	松丘 啓司
100	EDIの知識	流通システム開発センター
102	公益法人の基礎知識	熊谷 則一
103	環境経営入門	足達 英一郎
104	職場のワーク・ライフ・バランス	佐藤・武石
105	企業審査入門	久保田 政純
106	ブルー・オーシャン戦略を読む	安部 義彦
107	パワーハラスメント	岡田・稲尾
108	スマートグリッドがわかる	本橋 恵一
109	BCP〈事業継続計画〉入門	緒方・石丸
110	ビッグデータ・ビジネス	鈴木 良介
111	企業戦略を考える	淺羽・須藤
112	職場のメンタルヘルス入門	難波 克行
113	組織を強くする人材活用戦略	太田 肇
114	ざっくりわかる企業経営のしくみ	遠藤 功
115	マネジャーのための人材育成スキル	大久保 幸夫
116	会社を強くする人材育成戦略	大久保 幸夫
117	女性が活躍する会社	大久保・石原
118	新卒採用の実務	岡崎 仁美
119	IRの成功戦略	佐藤 淑子
120	これだけは知っておきたいマイナンバーの実務	梅屋 真一郎
121	コーポレートガバナンス・コード	堀江 貞之
122	IoTまるわかり	三菱総合研究所
123	成果を生む事業計画のつくり方	平井・淺羽
124	AI(人工知能)まるわかり	古明地・長谷
125	「働き方改革」まるわかり	北岡 大介
126	LGBTを知る	森永 貴彦
127	M&Aがわかる	知野・岡田
128	「同一労働同一賃金」はやわかり	北岡 大介
129	営業デジタル改革	角川 淳

〈C〉 会計・税務

1	財務諸表の見方	日本経済新聞社
2	初級簿記の知識	山浦・大倉
4	会計学入門	桜井 久勝
12	経営分析の知識	岩本 繁
13	Q&A経営分析の実際	川口 勉
23	原価計算の知識	加登・山本
41	管理会計入門	加登 豊
48	時価・減損会計の知識	中島 康晴
49	Q&Aリースの会計・税務	井上 雅彦
50	会社経理入門	佐藤 裕一
51	企業結合会計の知識	関根 愛子
52	退職給付会計の知識	泉本 小夜子
53	会計用語辞典	片山・井上
54	内部統制の知識	町田 祥弘
56	減価償却がわかる	都・手塚
57	クイズで身につく会社の数字	田中 靖浩
58	これだけ財務諸表	小宮 一慶
59	ビジネススクールで教える経営分析	太田 康広
60	Q&A軽減税率はやわかり	日本経済新聞社

〈D〉 法律・法務

2	ビジネス常識としての法律	堀・淵邊
3	部下をもつ人のための人事・労務の法律	安西 愈
4	人事の法律常識	安西 愈
6	取締役の法律知識	中島 茂
11	不動産の法律知識	鎌野 邦樹
14	独占禁止法入門	厚谷 襄児
20	リスクマネジメントの法律知識	長谷川 俊明

22	環境法入門	畠山・大塚・北村	
24	株主総会の進め方	中島　　茂	
26	個人情報保護法の知識	岡村久道	
27	倒産法入門	田頭章一	
28	銀行の法律知識	階・渡邉	
29	債権回収の進め方	池辺吉博	
30	金融商品取引法入門	黒沼悦郎	
31	会社法の仕組み	近藤光男	
32	信託法入門	道垣内弘人	
34	労働契約の実務	浅井隆	
35	不動産登記法入門	山野目章夫	
36	保険法入門	竹濱修	
37	契約書の見方・つくり方	淵邊善彦	
40	労働法の基本	山川隆一	
41	ビジネス法律力トレーニング	淵邊善彦	
42	ベーシック会社法入門	宍戸善一	
43	Q&A部下をもつ人のための労働法改正	浅井隆	
44	フェア・ディスクロージャー・ルール	大崎貞和	
45	はじめての著作権法	池村聡	

〈E〉流通・マーケティング

6	ロジスティクス入門	中田信哉	
16	ブランド戦略の実際	小川孔輔	
20	エリア・マーケティングの実際	米田清紀	
23	マーチャンダイジングの知識	田島義博	
28	広告入門	梶山皓	
30	広告用語辞典	日経広告研究所	
34	セールス・プロモーションの実際	渡辺・守口	
35	マーケティング活動の進め方	木村達也	
36	売場づくりの知識	鈴木哲男	
39	コンビニエンスストアの知識	木下安司	
40	CRMの実際	古林宏	
41	マーケティング・リサーチの実際	近藤・小田	
42	接客販売入門	北山節子	
43	フランチャイズ・ビジネスの実際	内川昭比古	
44	競合店対策の実際	鈴木哲男	
46	マーケティング用語辞典	和田・日本マーケティング協会	
48	小売店長の常識	木下・竹山	
49	ロジスティクス用語辞典	日通総合研究所	
50	サービス・マーケティング入門	山本昭二	
51	顧客満足［CS］の知識	小野讓司	
52	消費者行動の知識	青木幸弘	
53	接客サービスのマネジメント	石原直	
54	物流がわかる	角井亮一	
55	最強販売員トレーニング	北山節子	
56	オムニチャネル戦略	角井亮一	
57	ソーシャルメディア・マーケティング	水越康介	
58	ロジスティクス4.0	小野塚征志	

〈F〉経済学・経営学

3	ミクロ経済学入門	奥野正寛	
4	マクロ経済学入門	中谷巌	
8	財政学入門	入谷純	
8	国際経済学入門	浦田秀次郎	
15	経済思想	八木紀一郎	
16	コーポレートファイナンス入門	砂川伸幸	
22	経営管理	野中郁次郎	
23	経営戦略	奥村昭博	
28	労働経済学入門	大竹文雄	
29	ベンチャー企業	松田修一	
30	経営組織	金井壽宏	
31	ゲーム理論入門	武藤滋夫	
33	経営学入門（上）	榊原清則	
34	経営学入門（下）	榊原清則	
36	経営史	安部悦生	
37	経済史入門	川勝平太	
38	はじめての経済学（上）	伊藤元重	
39	はじめての経済学（下）	伊藤元重	
41	組織デザイン	沼上幹	
51	マーケティング	恩蔵直人	
52	リーダーシップ入門	金井壽宏	
54	経済学用語辞典	佐和隆光	
55	ポーターを読む	西谷洋介	
56	コトラーを読む	酒井光雄	
57	人口経済学	加藤久和	
58	企業の経済学	淺羽茂	

〈I〉ビジネス・ノウハウ

59 日本の経営者　日本経済新聞社
60 日本の雇用と労働法　濱口桂一郎
61 行動経済学入門　多田洋介
62 仕事に役立つ経営学　日本経済新聞社
63 身近な疑問が解ける経済学
　　　　　　　　　日本経済新聞社
64 競争戦略　加藤俊彦
65 マネジメントの名著を読む
　　　　　　　　　日本経済新聞社
66 はじめての企業価値評価
　　　　　　　　　砂川・笠原
67 リーダーシップの名著を読む
　　　　　　　　　日本経済新聞社
68 戦略・マーケティングの名著を読む
　　　　　　　　　日本経済新聞社
69 カリスマ経営者の名著を読む
　　　　　　　　　高野研一
70 日本のマネジメントの名著を読む
　　　　　　　　　日本経済新聞社
71 戦略的コーポレートファイナンス
　　　　　　　　　中野　誠
72 企業変革の名著を読む
　　　　　　　　　日本経済新聞社
73 プロがすすめるベストセラー経営書
　　　　　　　　　日本経済新聞社
74 ゼロからわかる日本経営史
　　　　　　　　　橘川武郎
75 やさしいマクロ経済学
　　　　　　　　　塩路悦朗

〈G〉情報・コンピュータ

10 英文電子メールの書き方
　　　　　　　　　ジェームス・ラロン

〈H〉実用外国語

17 はじめてのビジネス英会話
　　　　　　　　　セイン／森田
18 プレゼンテーションの英語表現
　　　　　　　　　セイン／スプーン
19 ミーティングの英語表現
　　　　　　　　　セイン／スプーン
20 英文契約書の書き方　山本孝夫
21 英文契約書の読み方　山本孝夫
22 ネゴシエーションの英語表現
　　　　　　　　　セイン／スプーン
23 チームリーダーの英語表現
　　　　　　　　　デイビッド・セイン
24 ビジネス英語ライティング・ルールズ
　　　　　　　　　森田／ヘンドリックス

〈I〉ビジネス・ノウハウ

2 会議の進め方　高橋　誠
3 報告書の書き方　安田賀計
5 ビジネス文書の書き方
　　　　　　　　　安田賀計
8 ビジネスマナー入門　梅島・土舘
10 交渉力入門　佐久間　賢
14 意思決定入門　中島　一
16 ビジネスパーソンのための書き方入門　野村正樹
18 ビジネスパーソンのための話し方入門　野村正樹
19 モチベーション入門　田尾雅夫
21 レポート・小論文の書き方
　　　　　　　　　江川　純
22 問題解決手法の知識　高橋　誠
23 アンケート調査の進め方
　　　　　　　　　酒井　隆
24 ビジネス数学入門　芳沢光雄
26 調査・リサーチ活動の進め方
　　　　　　　　　酒井　隆
28 ロジカル・シンキング入門
　　　　　　　　　茂木秀昭
29 ファシリテーション入門
　　　　　　　　　堀　公俊
31 メンタリング入門　渡辺・平田
32 コーチング入門　本間・松瀬
33 キャリアデザイン入門[I]
　　　　　　　　　大久保幸夫
34 キャリアデザイン入門[II]
　　　　　　　　　大久保幸夫
35 セルフ・コーチング入門
　　　　　　　　　本間・松瀬
36 五感で磨くコミュニケーション
　　　　　　　　　平本相武
37 EQ入門　高山　直
38 時間管理術　佐藤知一
40 ファイリング＆整理術
　　　　　　　　　矢次信一郎
41 ストレスマネジメント入門
　　　　　　　　　島・佐藤
42 グループ・コーチング入門
　　　　　　　　　本間正人
43 プレゼンに勝つ図解の技術
　　　　　　　　　飯田英明
44 ワークショップ入門　堀　公俊
45 考えをまとめる・伝える図解の技術
　　　　　　　　　奥村隆一
46 買ってもらえる広告・販促物のつくり方
　　　　　　　　　平城圭司

日経文庫案内 (5)

47 プレゼンテーションの技術　山本御稔
48 ビジネス・ディベート　茂木秀昭
49 戦略思考トレーニング　鈴木貴博
50 戦略思考トレーニング2　鈴木貴博
51 ロジカル・ライティング　清水久三子
52 クイズで学ぶコーチング　本間正人
53 戦略的交渉入門　田村・隅田
54 戦略思考トレーニング3　鈴木貴博
55 仕事で使える心理学　榎本博明
56 言いづらいことの伝え方　本間正人
57 ビジネスマンのための国語力トレーニング　出口汪
58 数学思考トレーニング　鍵本聡
59 発想法の使い方　加藤昌治
60 企画のつくり方　原尻淳一
61 仕事で恥をかかない日本語の常識　日本経済新聞出版社
62 戦略思考トレーニング 経済クイズ王　鈴木貴博
63 モチベーションの新法則　榎本博明
64 仕事で恥をかかないビジネスマナー　岩下宣子
65 コンセンサス・ビルディング　小倉広
66 キャリアアップのための戦略論　平井孝志
67 心を強くするストレスマネジメント　榎本博明
68 営業力 100本ノック　北澤孝太郎
69 ビジネス心理学 100本ノック　榎本博明

ベーシック版

マーケティング入門　相原修
不動産入門　日本不動産研究所
日本経済入門　岡部直明
貿易入門　久保広正
経営入門　高村寿一
環境問題入門　小林・青木
流通のしくみ　井本省吾

ビジュアル版

マーケティングの基本　野口智雄
経営の基本　武藤泰明
流通の基本　小林隆一
経理の基本　片平正男久
貿易・為替の基本　山口公晃
日本経済の基本　小峰隆夫
金融の基本　高月昭年
品質管理の基本　内田治
IT活用の基本　内山力
マネジャーが知っておきたい経営の常識　内山力
キャッシュフロー経営の基本　前川・野寺
企業価値評価の基本　渡辺茂
IFRS［国際会計基準］の基本　飯塚・前川・有光
マーケティング戦略　野口智雄
経営分析の基本　佐藤裕一
仕事の常識&マナー　山﨑紅
はじめてのコーチング　市瀬博基
ロジカル・シンキング　平井・渡部
仕事がうまくいく 会話スキル　野口吉昭
使える！手帳術　舘神龍彦
ムダとり 時間術　渥美由喜
ビジネスに活かす統計入門　内田・兼子・矢野
ビジネス・フレームワーク　堀公俊
アイデア発想フレームワーク　堀公俊
図でわかる会社法　柴田和史
資料作成ハンドブック　清水久三子
マーケティング・フレームワーク　原尻淳一
図でわかる経済学　川越敏司
7つの基本で身につく エクセル時短術　二木伸夫
AI（人工知能）　城塚音也

城塚音也（しろつか・おとや）

NTTデータ先端技術 Blue³事業部プリンシパル。
NTTデータ エグゼクティブR&Dスペシャリスト、SRIインターナショナル インターナショナルフェロー。
1964年東京生まれ。1988年東京大学文学部言語学科卒業。同年日本電信電話入社。1989年よりNTTデータ通信株式会社（現株式会社NTTデータ）にて音声対話システムやテキストマイニング等のAI技術の研究開発に従事。同社AIソリューション推進室長、AIソリューション開発担当部長を経て、2017年より現職。

日経文庫1938

ビジュアル
AI（人工知能）

2019年3月15日　　1版1刷
2024年9月10日　　　3刷

著　者	城塚　音也
発行者	中川　ヒロミ
発　行	株式会社日経BP 日本経済新聞出版
発　売	株式会社日経BPマーケティング 〒105-8308　東京都港区虎ノ門4-3-12
印刷・製本	広研印刷
装丁・本文デザイン	尾形　忍（Sparrow Design）
イラスト	加納徳博・いたばしともこ

ISBN 978-4-532-11938-6
© Otoya Shirotsuka, 2019

本書の無断複写・複製（コピー等）は著作権法上の例外を除き、禁じられています。購入者以外の第三者による電子データ化および電子書籍化は、私的使用を含め一切認められておりません。本書籍に関するお問い合わせ、ご連絡は下記にて承ります。
https://nkbp.jp/booksQA

Printed in Japan